中华传统美德百字经

洁·洁身自好

于永玉 华志攀◎编

一段历史之所以流传千古，是由于它蕴涵着不朽的精神；一段佳话之所以人所共知，是因为它充满了人性的光辉。感悟中华传统美德，获得智慧的启迪和温暖心灵的感动；品味中华美德故事，点燃心灵之光，照亮人生之路。

天津人民出版社

图书在版编目（CIP）数据

洁：洁身自好 / 于永玉，华志攀编. —天津：天津
人民出版社，2012.3

（巅峰阅读文库. 中华传统美德百字经）

ISBN 978-7-201-07505-1

Ⅰ. ①洁… Ⅱ. ①于… ②华… Ⅲ. ①品德教育—中
国—通俗读物 Ⅳ. ① D648-49

中国版本图书馆 CIP 数据核字 (2012) 第 058318 号

天津人民出版社出版

出版人：刘晓津

（天津市西康路 35 号 邮政编码：300051）

邮购部电话： （022）23332469

网址：http://www.tjrmcbs.com.cn

电子信箱：tjrmcbs@126.com

永清县晔盛亚胶印有限责任公司印刷 新华书店经销

2012 年 3 月第 1 版 2012 年 3 月第 1 次印刷

690×960 毫米 16 开本 10 印张 字数：100 千字

定价：19.80 元

中国是一个具有悠久历史和灿烂文化的文明古国，也是举世闻名的礼仪之邦。在历史的长河中，中华民族创造出了绚丽多彩的物质文化和精神文化，为人类的发展和进步做出了重要贡献。其中，中华民族的传统美德被大家代代传承。

那么，什么是传统美德？什么是中华民族的传统美德呢？通常来说，传统美德就是在自觉或习俗的道德规范中，一些被大多数人所接受并实际奉行的，而且在现代仍有着积极影响的那些美德。具体到中华民族传统美德，概括起来就是指中华民族优秀的民族品质、优良的民族精神、崇高的民族气节、高尚的民族情感以及良好的民族礼仪等，是中华民族在历史实践过程中积累而成的稳定的社会优秀道德因素，体现在人们生活的方方面面，涉及政治、经济、文化、意识等领域，并通过社会心理结构及其他物化媒介得以代代相传。

前言

经过长期的历史沉淀，中华传统美德已融入到中华民族的思想意识和行为规范中，成为社会道德文化的遗传基因，成为整个中华民族文化的精神内涵，也是中华五千年文明史的精髓所在。继承和弘扬中华民族传统美德，可以振奋民族精神，增强民族自尊心、自信心、自豪感和凝聚力，使社会主义道德规范具有更丰富的内涵，让社会主义、集体主义、爱国主义思想等更加深入人心，成为社会主义文化的主旋律。同时，还可以更好地协调人际关系，促进社会主义市场经济的健康发展，形成有中国特色的、适应社会发展的价值观和伦理道德规范。

国民的思想道德状况，尤其是青少年的思想道德状况，直接关系着一个国家、一个民族的整体素质，关系着国家前途和民族命运。目前，我国已进入改革发展的新时期新阶段，德育教育的价值和意义更是日渐凸显。大力弘扬中华传统美德，建设社会主义核心价值体系，促进社会主义文化的发展和繁荣，是建设全面小康社会的主要任务，更是实现中华民族伟大复兴的必然要求。因此，党中央非常注重我国公民道德建设，全社会也已形成了加强和改进思想道德建设的新风尚。

青少年是国家的希望，是民族不断发展和延续的根本，因此，青少年德育教育就显得更加重要。为了增强和提升国民素质，尤其是青少年的道德素质，我们特意精心编写了本套丛书——《中华传统美德百字经》。

本套丛书立足当前公民，尤其是青少年思想道德教育的现实，将中华民族的传统美德归纳为一百个字，即学、问、孝、悌、师、教、言、行、中、庸、仁、义、敦、和、谨、慎、勤、俭、恤、济、贞、节、谦、让、宽、容、刚、毅、睦、贤、善、良、通、达、知、理、清、廉、朴、实、志、道、真、立、忠、诚、公、正、友、爱、同、礼、温、信、尊、敬、恭、恕、责、仪、精、专、博、富、明、智、勇、力、安、全、平、顺、敏、思、积、利、健、率、坚、情、养、群、严、慈、创、新、变、革、争、谏、诲、齐、省、克、竞、求、简、洁、强、律。丛书内容丰富、涵盖性强，力图将中华民族传统美德的内涵囊括进去。丛书通过故事、诗文和格言等形式，全面地展示了人类永不磨灭的美德：诚实、孝敬、负责、自律、敬业、勇敢……

洁·洁身自好

这些故事在中华民族几千年的历史长河中，一直被人们用来警醒世人、提升自己，用做道德上对与错的标准；同时通过结合现代社会发展，又使其展现了中华民族在新时代的新精神、新风貌，从而较全面地展示了中华民族的美德。

在本套丛书中，为了帮助读者更好地理解这些源远流长的传统美德，我们还在每一篇故事后面给出了"故事感悟"，旨在令故事更加结合现代社会，结合我们自身的道德发展，以帮助读者获得更加全面的道德认知，并因此引发读者进一步的思考。同时，为丰富读者的知识面，我们还在故事后面设置了"史海撷英"、"文苑拾萃"等板块，让读者在深受美德教育、提升道德品质的同时，汲取更多的历史文化知识。

前 言

这是一套可以打动人心灵的丛书，也是可以丰富我们思想内涵的丛书……《中华传统美德百字经》向我们展示的是一种圣洁的、高尚的生活哲学。无论在任何社会、任何时代，给予人类基本力量的美德从来不曾变化。著名的美国政治家乔治·德里说："使美国强大的不是强权与实力，而是上帝赐予的美德。假如我们丢失了最根本且有用的美德，导弹和美元也不能使我们摆脱被毁灭的命运。"在今天，我们可能比任何时候都更应关心道德问题，尤其是青少年的道德问题，因为今天我们正逐渐面临从未有过的道德危机和挑战。

人生的美德与智慧就像散落的沙子，我们哪怕每天只收集一粒，终有一天能积沙成塔，收获一个光辉灿烂的明天。《中华传统美德百字经》中的美德故事将直指我们的内心，指向人性中善良的一面，唤起我们内心深处的道德感。因此，中华民族的传统美德也一定会在我们的倡导和发扬之下，世世传承，代代延续！

　　全套丛书分类编排，内容详尽、文字优美、风格独具，是公民，尤其是青少年思想道德建设的优秀读物。愿这些恒久流传的美文和故事能抚平我们每个人驿动的心，愿这些优秀的美德种子能在青少年身上扎根、发芽、生长……

洁·洁身自好

在物欲横流的社会，在人心善变的世界，一个人要经得起金钱、美色、权力的诱惑确实很难。因为人都有七情六欲，有七情六欲就必然有软肋，有软肋就有弱点，有弱点就可能被人利用。

如不能洁身自好，就有可能被污损。诱惑实在太多，而且是防不胜防，如果意志不够强，就可能随波逐流了。

在自然界，莲是高洁的代名词。"予独爱莲之出淤泥而不染，濯清涟而不妖，中通外直，不蔓不枝，香远益清，亭亭净植，可远观而不可亵玩焉。"莲花出污泥而不染，这是世人所公认的。不染就是有铮铮傲骨，不屈服于恶人，不同流合污，宁穷断骨头，也不向恶人低头。

洁身，就是要干净做人、干净做事，不自污、不自辱。自好，就是保持个人良好的本色和品质，不趋炎附势，不违心做人做事。

"君子崇人之德，扬人之美，非谄谀也；正义直指，举人之过，非毁疵也；言己之光美，拟于舜、禹，参于天地，非夸诞也；与时屈伸，柔从若蒲苇，非慑怯也；刚强猛毅，靡所不信，非骄暴也。"（《荀子·不苟》）要成为这样的洁身自好的君子，难不难？

"夫志当存高远，慕先贤，绝情欲，弃疑滞，使庶几之志，揭然有所存，恻然有所感；忍屈伸，去细碎，广咨问，除嫌吝虽有淹留，何损于美趣，何患于不济。"（《诸葛亮·诫外生书》）如此做人，难不难？

我国先贤们大多有这样的思想。穷则独善其身，达则兼济天下；和而不同；己所不欲，勿施于人；君子慎独；贫贱不能移，威武不能屈，富贵不能淫，等等，都是要洁身。许多高人因不满世事的污浊而宁可归隐，也不愿同流于市；"众人皆醉我独醒，举世皆浊我独清"的屈大夫，宁投江也不屈；诗仙李白宁可流落市井穷乡也不肯与奸臣同朝。

在人世中，保持洁身自好确是一件不易之事，它需要见识、情操、理想、信念。即使在今天，真正做到洁身自好也是不易。封建社会时人们之间的互相倾轧的现象虽已不存在，但不健康思想的影响，各种物欲的情感，使得人们实现自身的做人原则面临新的考验。

目录

第一篇

慎独慎微，洁身自好

赵壹恃才扬名

◎智者不惑，勇者不惧，勤者不贫，廉者不腐。——黄松

　　赵壹（生卒年不详），字元叔。主要事迹见于汉灵帝年间（168—189年），东汉汉阳郡西县人（今甘肃天水）。汉代著名辞赋家、书法评论家。其代表作《刺世疾邪赋》直抒胸臆，对后世赋体的风格有很大影响。

　　赵壹，字元叔，是东汉时期汉阳西县（今甘肃天水西南）人。

　　东汉时期制定了上计制，即在每年的年终，地方官都要派人到京城上计簿，汇报一下本地一年中的人口、钱粮、治安、狱讼等情况。

　　光和元年（178年），赵壹作为上计吏，前往京城向皇帝上计。当时，受计的是司徒袁逢，各郡上计吏多达数百人，全都拜伏在朝堂中，无人敢仰视。在这些人中间，只有赵壹一个人不肯下拜，只是施长揖礼。

　　袁逢感到这个人很特殊，便令左右将他带到跟前，责问他说："你是一个下郡计吏，见到三公不拜，却只行揖礼，这是为何？"

　　赵壹回答说："当初郦食其见到汉王刘邦时，也是不拜而长揖的。今天我对您行揖礼有什么可奇怪的呢？"

　　袁逢听完赵壹的话，觉得他很有见识，便走下台阶，亲自拉住他的手把他请到上座，询问他郡中之事。

　　赵壹说完后，袁逢十分高兴，对下面跪拜的人说："这个人是汉阳的赵元叔，朝臣中没有人能够比得上他，我今天请他与你们分坐，以示特殊的礼待。"一时满座都向赵壹投来羡慕的眼光。

从袁逢那里出来后，赵壹又去拜访河南尹羊陟。

羊陟觉得赵壹名小位微，根本不见他。而赵壹则认为，要想让自己的声誉显赫，就要让羊陟知道自己，于是他每天都前来求见。羊陟无奈，只好勉强答应见他。

一天早上，羊陟还没起床，赵壹就来求见了，羊陟索性就躺在床上，以示对他的轻视。

赵壹根本不在乎这些，而是径直进入寝室，站在羊陟的床前，说："我在西北，久闻您的大名，今日才得以机会见到您，您就与世长辞了，我的命好苦呀！"

说完，他居然号啕大哭起来。外边的人听了都大为吃惊，以为羊陟真的死了，都纷纷奔进来看个究竟。

羊陟这才知道，赵壹并非常人，因此急忙起床，请赵壹到客厅长谈，并被他的才能所征服。

第二天一早，羊陟便带着大队人马亲自去拜访赵壹。当时，各郡的计吏都住在一起，其他计吏都将车马装饰得十分漂亮，只有赵壹的车是柴车草屏，停在一些精美华丽的车马旁边。

羊陟来到后，赵壹将他请到里边，然后坐在柴车旁与之促膝而谈。旁边的人见了，都觉得十分惊奇。

羊陟与赵壹畅谈了很久。临别时，羊陟握住赵壹的手说："你就是一块未剖的璞玉，一定会有人泣血相明的。"

在羊陟和袁逢的影响下，此后赵壹声名鹊起，京城的士大夫们都想与其结交。

◎故事感悟

封建社会身居高位者，未见得是凭真才实学走到这一步的。但他们却要标榜自己有多少才能，这样就给了士人凭借才能与达官贵人对话的机会。赵壹抓住了这个机会，他成功了。但后来却很少有人敢再用。

◎史海撷英

赵壹拜访皇甫规

公元167年，汉桓帝逝世，汉灵帝即位。不久，赵壹被聘作汉阳郡上计吏。第二年（建宁元年）到洛阳向朝廷去上计簿，报告郡内全年的人口、钱粮、贼盗、狱治等情况。他得知度辽将军皇甫规去年夏天因为在奏对中指责朝廷"贤愚进退，威刑所加，有非其理"得罪了宦官，被迁作弘农太守。因此，返回时便顺道去拜访皇甫规。

皇甫规乃当朝名臣，贯于抨击奸佞，痛恨宦官，推贤荐能，所教生徒皆刚正清廉，名扬天下。然而赵壹到皇甫规门上时，门卫不肯马上通报，最后赵壹只好悄悄走了。

等皇甫规听到报告后，大吃一惊，立刻修书一封，言辞恳切，请主簿带上骑马追赶。赵壹见信后并未回头，只写了封回信交给主簿。在信中，他不仅表达了对皇甫规的仰慕，还对他怠慢接纳士人的表现提出了严厉的批评："实望仁兄，昭悬迟，以贵下贱，握发垂接，高可敷玩坟典，起发圣意，下则抗论当世，消弭时灾。岂悟君子自生怠倦，失恂恂善诱之德，同亡国骄惰之志！"

◎文苑拾萃

疾邪诗

（汉）赵壹

势家多所宜，咳唾自成珠。

被褐怀金玉，兰蕙化为刍。

贤者虽独悟，所困在群愚。

且各守尔分，勿复空驰驱。

哀哉复哀哉，此是命矣夫！

敦厚大度，慎独谦让

◎不得善友，宁独守善，不与愚偕。——《法句经》

> 雷义（生卒年不详），字仲公。东汉鄱阳县人。他为官公正廉明，忠直敢言，为人谦虚谨慎，乐于助人。其廉洁自律的崇高品德，至今仍受到人们的称赞。

陈重，字景公，东汉豫章宜春人，天生性情敦厚大度。他和豫章鄱阳的雷义从小是好朋友。雷义是个很善良的人富有怜悯之心，重义慎独。两人常常一起学习经典，修身养性，并因相互谦让推崇而闻名。

陈重和雷义都曾在郎署做官。那时，有一位同在郎署任职的郎官欠了人家几十万钱，遭债主天天催逼还钱，陈重见了，便悄悄替他把债还了。他知道后，无限感激。但陈重却说："不是我做的，可能是有同名同姓的其他人吧。"始终不予承认。这就是他，只管付出，不求回报，不求名利。

还有一次，有位郎官告假回乡，误拿了邻居某郎官的一条裤子。裤子主人以为是陈重偷的，陈重听了并不辩解，去买了十条裤子还给他。等告假的郎官回来把误拿的裤子还给主人时，事情真相才浮出水面，大家才知道身边居然有如此敦厚的有德有量之人，都十分地钦佩。

雷义任郡里功曹时，经常深入民间，体恤民情。有一次调查时他发现，一个被判处极刑的死囚并非惯犯，只是偶然失足，便立即上奏直言，得到了朝廷的恩准，免除了那人的死刑。犯人感激涕零，他拿着一包银子上门致谢，雷义拒不肯收，说："当官为民，理应如此。"

那人为感谢其救命之恩，便趁雷义出行之机，把银子偷偷放在了他家的房梁上。多年后，雷义在翻修房子时，发现了房梁上的那包银子，断定这是曾被自己救过命的那人放的。于是，他四处查访那人踪迹，最后却发现那人已经不在人世，便把这包银子分文未取上缴县曹了。

雷义还是个非常重视道义的人，在他升任为尚书侍郎后，一位宦官犯了罪正要判处劳役时，雷义悄悄上书承担了罪责，他由此被发配边远地区。此事被同在台省的郎官发现了，抛官上书，请求替雷义赎罪，汉顺帝这才下诏书免了他的刑罚。

后来，雷义被举荐为茂才，他想让给陈重，刺史不答应，雷义就假装发疯，头发蓬乱地在外面跑，不顾官府的任命。有趣的是，以前陈重被太守举荐为孝廉时，也曾要把这个位置让给雷义，还为此写过十多封信，但均遭太守拒绝。

汉顺帝时，雷义由郡功曹被推举为孝廉，供职尚书侍郎。他一生明镜高悬，不徇私枉法，惩戒了许多贪官和失职官员。后来又当上了侍御史，任上廉洁自律，克己奉公，直言不讳，勤政爱民，颇得百姓的拥戴，最后病逝在工作岗位上。大家都赞叹说："胶和漆自认为坚固，但也比不上雷义和陈重啊！"

由于他们俩有相互谦让推举的美德而闻名遐迩，被"三公府"（丞相、太尉、御史大夫）同时召用，委以重任。

◎故事感悟

陈重和雷义两人慎独慎微，在切身利益面前都没有私心，互相谦让，真是了不起，因而也被后人视为与人交往的典范。

◎史海撷英

汉顺帝无权

东汉的第七位皇帝就是汉顺帝。

在汉安帝去世后，皇后阎姬无子，她先是废掉了安帝的独子济阴王刘保，然后又让刘懿这个幼儿坐上了皇位，皇后自己则想垂帘听政，掌握朝廷大权。

刘懿仅做了七个月皇帝就死了，宦官曹腾、孙程等19人便发动宫廷政变，赶走太后，将年仅11岁的刘保拥立为王，改元"永建"，那19位宦官也同时被全部封侯。

由于汉顺帝的皇位是由宦官争取来的，所以顺帝便将大权交给他们。后来，宦官与外戚梁氏联合，加上顺帝自己又性格软弱，就这样被梁氏专权了二十多年。宦官、外戚相互勾结，专横无道，导致政治日益腐败，阶级矛盾尖锐，百姓怨声载道，民不聊生。

◎文苑拾萃

《驱车上东门》之十三

佚名

驱车上东门，遥望郭北墓。

白杨何萧萧，松柏夹广路。

下有陈死人，杳杳即长暮。

潜寐黄泉下，千载永不寤。

浩浩阴阳移，年命如朝露。

人生忽如寄，寿无金石固。

万岁更相送，贤圣莫能度。

服食求神仙，多为药所误。

不如饮美酒，被服纨与素。

何曾坚守礼法

◎归洁其身而已矣。——《孟子·万章上》

> 何曾（199—279年），字颖考，陈国阳夏人。三国时曹魏及西晋官员，曹魏太仆何夔之子，东汉车骑将军何熙的玄孙。为人好学博闻，与袁侃齐名。在晋历任太保、太傅、太宰。

何曾出身于世家，生性谨慎，接受了正统的经书教育，这使得他无论从政还是持家都作风严正。

何曾在担任了几年司隶校尉后，升为尚书。正元年中又连任镇北将军、都督河北诸军事、假节。每当出巡的皇帝经过他所管辖的领地时，他总是隆重迎接，殷勤款待，"备太牢之馔，侍从吏驺，莫不醉饱"。

有一次，皇帝要经过何曾儿子何劭所管辖的领地，何曾就事先叮嘱儿子一定要言行守礼，服务周到。然而何劭非常放肆，没把父亲的话当回事，等皇帝驾到时竟不冠不带，还让圣驾等了很久才出门相迎。何曾得知后，狠狠地批评了他。可见何曾崇礼的作风是多么严谨。

那以后，何曾官运亨通，被升任征北将军，既而加封颍昌乡侯。咸熙初年——曹魏帝国日暮途穷的后期，他又官至司徒（宰相），改封朗陵侯。

在曹魏帝国晋封司马昭为"晋王"后，一日，何曾与王祥、荀顗共同晋见。对于拜见叙礼，王祥对荀顗说："虽然相国（司马昭）尊贵，但只是帝国宰相，而我们是帝国三公……哪有天子的三公随便向人叩头之理？这既有损帝国的威望，也伤害晋王的盛德。君子爱人，不合礼仪的事我是不会做的。"

荀颛点头称是。来到晋王府后，两人都只作了个揖，唯独何曾仍以大礼参拜，尽表敬意。一直十分重视君臣礼仪的何曾此时如此"过于重礼"，足见其深谙时政，不拘一格。

司马炎能够坐享西晋王朝开国皇帝的宝座，不能不说有何曾很大的功劳。当初，其弟司马攸因为孝顺善良、平和稳健备受司马昭宠爱，司马昭甚至想把他立为世子，然而恪守礼教的何曾认为这有悖常礼，劝谏说："中军抚军将军（司马炎）聪明英勇，拥有最高的人望，天生一表人才，不是做臣属的相貌。"

山涛、贾充、裴秀等朝内重臣均同意何曾之见，才促使司马昭下定了指定司马炎为晋王世子的决心。司马炎也因此对何曾感恩图报，赋予重任。一登皇位，就让他当了开国宰相，不久又赐予太尉，进爵为公，最后还升任为太傅，达到了官宦生涯的顶峰。

平日里，何曾为人严谨，恪守礼法，凡事不越伦理纲常，这使他看不惯当时的"竹林七贤"恃才狂放的行径。

"竹林七贤"中，嵇康、阮籍、阮咸、山涛、向秀、王戎、刘伶均才华盖世，不拘礼教。魏晋时期是"人的觉醒时代"，"竹林七贤"正是那觉醒的一群，从正统礼教和时政高压的束缚中挣脱出来的阮、嵇等人以有悖于常理的恣意放纵，表达内心的苦闷和不满。这在何曾看来，无疑是朝政的"别枝"和"逆流"，相对于素来维护正统礼法的他来说，实在难以容忍，所以他对阮氏的抨击也就不足为怪了。

阮籍那时任步兵校尉，负才放诞，一次正与朋友下棋时，忽闻母亲去世的消息，竟不肯终止下棋，一定要决出胜负，之后才狂饮，以致吐血而顿显形销骨立。但在为母亲守灵期间，他又和平时一样花天酒地，这在何曾看来真是天大的不孝。便找了个机会当着司马昭的面质问阮籍："卿纵情背礼，败俗之人，今忠贤执政。综核名实，若卿之曹，不可长也。"还批评司马昭对他的纵容，建议司马昭把他放逐到蛮荒之境，以免祸害国家。虽然皇帝并未听取其意见，但何曾却因此更加声名远播了。

何曾严谨，从政如此，持家也一样。何家"闺门整肃"，家中老少都不好声色犬马。他迟暮之年，每与夫人见面均是衣冠楚楚，甚至坐势也严循礼法，自己面南，夫人朝北。二人相敬如宾，喝酒前要互行礼节，"酬酢即毕便出"。结婚一年能做到这点的夫妻已经十分罕见，而何曾夫妇却数十年如一日地坚持了下来，实在令人钦佩。

司隶校尉傅玄还写文章盛赞何曾、荀颛二人的品行，把他们同先贤相提并论，说："古称曾、闵，今曰荀、何……有能行孝之道，君子之仪表也。"将他们誉为"君子之宗"，特别推崇何曾"存尽其和，事尽其敬，亡尽其哀，予于颍昌侯见之矣"。

严谨的作风，也是何曾仕途顺利的重要原因。改朝换代时，前朝旧臣大都得祸而去，何曾却能继续占据着宰相的宝座，不能不说是他严于律己，循规蹈矩，不为君主添乱的缘故啊。

虽然晋帝很赏识阮籍的才能，但在封官授爵上依然是"以德诏爵，以庸制禄"。而何曾在封建帝王的眼中无疑正是"德"的典范人物。

◎故事感悟

何曾洁身自好，恪守礼法，堪称君子的典范。也许，何曾尊崇礼法，现在看来只是刻板古怪、装模作样，可是在当时却享有盛誉。他的这种高尚之举，也为当今社会的我们树立了一面鲜明的旗帜。

◎史海撷英

司马炎登基

公元265年，司马昭病逝，享年55岁。其子司马炎继承了相国的晋王位，掌握着全国的军政大权。

司马炎经过精心的准备，于该年12月，也仿效曹丕代汉的事件，为自己登基铺路搭桥。

在司马炎接任相国之后，就有人受司马炎的指使，开始劝说魏元帝曹奂早点让位于司马炎。

不久，曹奂便下诏书称："晋王一家世代辅佐皇帝，功勋高过上天，四海蒙受司马家族的恩泽，上天要我将皇位让给你，请顺应天命，不要推辞！"

司马炎假意多次推让。这时，司马炎的心腹太尉何曾、卫将军贾充等人，便带领满朝文武官员再三劝谏，司马炎才"勉强"接受魏元帝曹奂的禅让，封曹奂为陈留王。

司马炎于265年登上帝位，改国号为晋，史称为西晋，晋王司马炎也成了晋武帝。

◎文苑拾萃

征西官属送于陟阳侯作诗

（西晋）孙楚

晨风飘歧路，零雨被秋草。

倾城远追送，饯我千里道。

三命皆有极，咄嗟安可保。

莫大于殇子，彭聃犹为夭。

吉凶如纠缠，忧喜相纷绕。

天地为我炉，万物一何小。

达人垂大观，诫此苦不早。

乖离即长衢，惆怅盈怀抱。

孰能察其心，鉴之以苍昊。

齐契在今朝，守之与偕老。

太子具美德，治政得人心

◎德如深山幽兰，不言自芳；欲似长堤蝼蚁，无孔不入。——格言

孙登（209—241年），字子高。孙权长子（庶出）。黄龙元年（229年），孙权称帝，立孙登为皇太子。死时年仅33岁。谥宣太子。

三国时吴国的太子孙登，是个正身直行、待人谦和、彬彬有礼的人，他不因贵而自傲，不因贵而慢人，礼贤下士，知恤百姓，受到当时人们的高度颂扬。

孙登生性善良忠厚，由于母亲地位低贱，孙权便让妃子徐夫人抚养这个儿子。孙登对徐夫人的养育之恩感激不尽，念念不忘。但徐夫人生性嫉妒，被孙权慢慢冷落，最后将她抛弃在吴郡（郡名，治所在吴县，即今天的苏州市），独自居住。孙登却仍然怀念她。徐夫人有时托人带衣服送给孙登，孙登必定在沐浴之后才穿，以表示对徐夫人的尊重。

黄初二年（221年），孙登将要被立为太子时，他请求孙权立徐夫人为王后，孙登说："确立本原，才能产生道义，要立太子，就先立王后。"

孙权问："你的母亲在哪里？"

孙登道："我的母亲在吴郡。"

孙权听后，许久没有说话。他知道孙登很感激徐夫人的恩惠，但自己宠爱的却是步夫人，想立步夫人为王后，最后由于大臣们反对，才就没敢这样做。

黄龙元年（229年），孙权称帝，立孙登为皇太子。孙权选了诸葛恪、张休、顾谭、陈表等优秀人才辅佐孙登。孙登对他们很谦和，接待时使用一般平民之间的礼节，有时外出还同乘一辆车，仿佛朋友一般。群臣都对他的为人称赞不已，孙权也很满意。

孙权迁都建业（古县名，东汉建安十七年孙权改秣陵县置。治所在今南京市。吴黄龙元年自武昌迁都于此），他派孙登镇守武昌，任命大将军陆逊加以辅佐。孙登对陆逊十分信任，陆逊也为稳固他的太子地位而尽忠职守。

孙登性情宽厚，能体察百姓疾苦。出去打猎时，总是绕开农田，生怕践踏了庄稼。

一次，孙登骑马外出，一颗弹丸擦肩而过。他手下的人立即四下找寻是谁干的。很快发现了一个手里拿着弹弓、身上带着弹丸的年轻人，大家都认为肯定是这个人干的，但这个年轻人却不承认刚才打过弹弓。孙登手下的人气急败坏，要拷打审问他。孙登赶忙上前阻拦，还派人去找到了刚才飞过去的弹丸，跟年轻人身上所带的弹丸一比，果然不一样，于是就命令把他放了。

还有一次，孙登手下有个侍从偷了孙登盛水用的金马盂，被查出来后，大家都主张严惩这个侍从。但孙登认为他在自己手下服侍多年，平时也没什么劣迹，不舍得惩罚，只是责备了一番，就打发他回老家去了，不再追究。同时嘱咐身边的人，不再提及此事，免得再让人受到连累。

孙登做事谨慎可靠。有一年天灾不断，粮食歉收，孙登预感到一定会有很多盗贼，就制定了相关的防范法律。由于他制定的法令抓住了关键，结果成效很好。

孙登的弟弟孙虑生病去世了，孙权极其悲痛，为了表示哀悼，他降旨要求文武大臣节制饮食。孙登知道后，从武昌日夜兼程赶了回来，见到孙权还在痛苦，便一边劝着，一边说出自己的看法："孙虑一病不起，这是命啊！您已经无法挽回。当今国家还没有统一，民众都在盼望早日得到解放。上天授命陛下完成统一大业的使命，您应该保养精神，增进营养膳食才是。但陛下现在却按平民百姓的想法，减少朝廷群臣们的膳食，这就超出礼制的范畴了。我为此深感忧虑和不安，请陛下三思。"

孙权听了孙登这番话，觉得非常有理，就采纳了他的建议，告诉大臣们：
"孙登真是处处为国家兴衰着想啊！"

过了十多天，孙权让孙登返回武昌。但孙登为了宽慰孙权，主动留了下
来。他说："我已经离开父母很久了，作为儿子，不能早晚为父母请安，实在
不孝，从德行上是很不足的。"他还向孙权汇报了陆逊镇守武昌尽心尽责的表
现，让孙权不必顾虑。于是孙权就把孙登留了下来，对他也更加信任了。

嘉禾三年（234年），孙权亲自领兵攻打新城（治所在今天的浙江富阳西
南），让孙登留守，全面主持政务。然而可惜的是，孙登33岁就去世了。

◎故事感悟

《韩非子·说林上》中说："行贤而去自贤之心，焉往而不美。"意谓行并能够
去掉自以为是、自以为善的思想，到哪里都会受到人们的赞扬。说明人之立身处
世，必须不自恃自矜，要谦逊处己，待人宽厚，尊贤敬能，积德行善，自然会得
到众人的信任与支持。人之处世立身，被人如何评价，完全是由自身的言行所决
定的。

◎史海撷英

孙权醉酒欲杀虞翻

孙权当上吴王后，大摆宴席，招待群臣。酒宴即将结束时，他亲自起身，向
各位大臣行酒。

孙权来到骑都尉虞翻面前，虞翻假装醉酒倒在地上。等孙权回到座位后，他
又起来坐下。孙权见状大怒，手持利剑要杀他。当时在场的大臣都吓得不知如何
是好，只有大司农刘基上前抱住了他，不让去杀虞翻，并劝道："大王酒后杀有才
能的人，是非常不妥的。即使虞翻有罪，天下又有谁知道呢？正是因为大王能广
纳良才贤士，天下有才之人才肯望风而聚。要是现在一下毁了自己的好名声，如
何值得啊？"

孙权怒问："曹操尚且杀掉孔融，我为什么不能杀虞翻？"

刘基回答说："曹操轻易害死贤人，已经让天下人反感，大王施行仁义，应该同尧舜这样的贤君相比，怎可与曹操并论呢？"

孙权听了这番话后，怒气也慢慢消了下去，虞翻因此逃过了一劫。酒席后，孙权对手下人说："从今以后，如果我酒后要求杀人，你们都不要去执行。"

◎文苑拾萃

趣景升太尉画孙登像

（宋）晁说之

契阔王孙魂梦劳，京华一日重游遨。

图书不惜黄金赀，歌舞何妨篆佩高。

月到南楼卧吹笛，花残曲几醉挥毫。

如何爱著须臾懒，不使苏门对楚骚。

王羲之与王献之

◎积善之家，必有余庆；积不善之家，必有余殃。——《周易》

> 王羲之（303—361年），字逸少，号澹斋，原籍琅琊临沂（今属山东），后迁居山阴（今浙江绍兴），中国东晋书法家，有"书圣"之称。为南迁琅琊王氏士族贵胄，后官拜右军将军，人称王右军。师承卫夫人、钟繇。著有《兰亭集序》。

王羲之和他的第七子王献之是东晋著名书法家，人称"二王"，在中国书法史上有崇高的地位和深远的影响。

王羲之的书法博采众美，熔铸古今，在精研诸体的基础上，推陈出新，改变了汉魏以来带隶意的质朴书风，创造出妍美流便的新体，后人尊为"书圣"。王献之习书法，而又有创新，书风恣纵雄武，秀劲飘洒，颇有媚趣。"二王"书法艺术风格的形成，不仅得益于对前人书法成就的研习，也与他们坦荡自然、豪迈不羁的立身之道有一定的关系。

王羲之是司徒王导的堂侄。王氏家族是当时的大家族，有不少杰出的子弟。太尉郗鉴就想和王家结亲，为女儿挑一个乘龙快婿。

一天，他派门客去王导家去挑选女婿。王导就带着郗鉴的门客到东厢房一个一个地相看他的子侄。王家的年轻人本来正在各干各的事，看见王导陪着一陌生人进来，都好奇地看着陌生人。听说是太尉的门客来为太尉挑选女婿的，都正襟危坐，一本正经地让客人观看，回答客人的问话。

这时，郗鉴的门客发现有一人和别人不一样，他毫不在乎有客人进来，似乎不知道挑女婿这回事，依然坐在东床上，敞着怀吃着东西，一脸怡然自得的样子。

门客回去后，向郗鉴报告说："王家的年轻人，个个都不错。不过听说我是来为您挑女婿的，都变得矜持拘谨起来。只有一个人还在东床袒腹而食，好像独独他没听说您要挑女婿似的。"

郗鉴听了高兴地说："这个小伙子正是我要选的好女婿啊！"一打听，原来在东床袒腹的就是王羲之。于是，郗鉴就把女儿嫁给了他。

王羲之步入仕途后，勤政爱民，官至右军将军、会稽内史。后因不容于上司，便称病去职，并立誓不再做官。从此寄情山水，种果养鹅，捕鸟钓鱼，过着逍遥自在的生活。他给人写信说，其中的得意，是言语表达不出来的。他59岁去世，朝廷赠衔金紫光禄大夫。但他早有遗嘱，不予接受。

人们称王羲之的笔势"飘若浮云，矫若惊龙"，他的行草如"清风出袖，明月入怀"，其实也是他为人的写照。王献之在少年时代便负有盛名。他的性格豪放，志向高远，处事镇定从容。

王羲之和谢安是好友。有一次，王献之同他的哥哥徽之、操之一起去拜访谢安。

见过礼，两位哥哥和谢安以及他们家的客人侃侃而谈，但所说的大都是生活琐事，而王献之却只不过寒暄几句，然后便不动声色地坐在那里听大家说话，不发表什么意见。

等王家三兄弟走后，客人们和谢安一起评论他们的优劣高下。有的说徽之谈吐随和，卓尔不群；有的说操之举止大方，一表人才。谢安却认为年岁小的献之最好。

客人问他为什么这么说，谢安解释说："吉人往往寡言少语，因为他说话很少，所以我知道他将来一定很有出息。"王献之正是以他不以俗事为重和不随声附和的品质，受到"神识沈敏"的谢安的赏识。

有一天晚上，王献之在卧室睡觉，忽然几个小偷撬开锁溜进了他的房间。王献之被惊醒后，却一直不吱声，看着他们把家里的东西收个干净。当小偷们正想溜走的时候，他才慢条斯理地对小偷说："偷儿，那块青毡是我家祖传之物，你们可把它留下吧。"小偷们不曾想主人竟然在暗中注视着他们整个偷窃行动，都吓了一大跳，慌忙丢下东西逃走。

这件小事很能显出王献之遇事不慌、沉着稳重的秉性。假如他胆怯或者急躁，看见来了一群小偷就惊慌失措，那不仅吓不退小偷，还可能会遭遇不幸。

王献之的这种性格在写字作画上也同样被反映出来。

还在七八岁的时候，王献之就开始学习书法。他学得十分认真。有一次，他父亲王羲之看见他在写字，便悄悄地走到他背后，不让他发现。然后伸出手来，猛地去抽他握着的毛笔，却未能夺下。王献之一点儿也没有受惊吓的样子，手里还拿着那支笔，回过头来，看看是谁。一看是他父亲，便问有什么事。王羲之见儿子能全神贯注地习字，笔力如此坚硬挺拔，处事如此镇静从容，不由得感叹说："这孩子将来一定会有很大的名声。"

又有一次，王献之拿了一支大笔在一面墙壁上写一丈见方的大字。人们见一个小孩居然能写那么大的字，都十分惊奇，纷纷前来观看。后来围观者竟达数百人之多，把王献之围在里面，水泄不通。王献之却不以为怪，依然旁若无人地写字。王羲之见他的字写得很有气派，认为非常可贵。

还有一次，当时掌握了朝政大权的桓温请他书写扇面。王献之一不小心，手中的笔落在了扇面上。如果是其他人遇到这种情况，可能会吓得不知所措了。但王献之却仍然若无其事，只见他就在这块黑墨上描画了几下，立时，一头栩栩如生的黑色母牛出现在扇面上，再配上他写的字，非常精妙。桓温见了，连声叫好。

◎故事感悟

桃李不言，下自成蹊。芬芳的桃李之花，以其自身的艳丽，招得众人前来观赏，以致树下被踩成一条小道。一个真正被人尊重的人，不是靠表面的华丽，而是靠内在的人格魅力。加强品格、性情、才干方面的修养，从根本上完善自己，才是立身于人世间的根本之道。

◎史海撷英

王羲之的书法造诣

王羲之自幼志存高远，富于创造。他学钟繇，融会贯通。钟书尚翻，真书亦具分势，用笔尚外拓，有飞鸟骞腾之势，所谓钟家隼尾波。王羲之心仪手追，但易翻为曲，减去分势。用笔尚内抵，不折而用转，所谓右军"一搨璀直下"。

王羲之学张芝也是自出偶然。唐代张怀耿曾在《书断》中指出这一点："剖析张公之草，而浓纤折衷，乃愧其精熟；损益钟君之隶，虽运用增华，而古雅不逮，至研精体势，则无所不工。"

王羲之对张芝的草书进行"剖析"、"折衷"，对钟繇的隶书"损益"、"运用"，对这两位书学大师都可以做到"研精体势"。沈尹默称赞道：王羲之学书不拘泥于前人笔法，依样画着葫芦，而是善于运用自己的心手，使古人为我服务，学自于古，而高出于古。

王羲之将从博览中所得的秦汉篆隶的各种不同笔法加以妙用，悉数融入于真行草体中去，从而形成了他那个时代的最佳体势，推陈出新，为后代的书法发展开辟了一块新的广阔天地。

◎文苑拾萃

兰亭诗

（魏晋）王羲之

三春启群品，寄畅在所因。

仰望碧天际，俯磐绿水滨。

寥朗无厓观，寓目理自陈。

大矣造化功，万殊莫不均。

群籁虽参差，适我无非新。

高允慎独的故事

◎内不欺己，外不欺人，上不欺天，君子所以慎独。——金缨

> 高允（390—487年），字伯恭。渤海蓨（今河北景县）人。少年丧父，曾让产予弟，出家为僧，法名"法净"。不久还俗求学，常负笈千里。后为中书博士，迁侍郎。随乐平王拓跋丕平定凉州叛乱。虽居宦显要，家中一贫如洗，住草屋、吃盐菜，儿子以采樵自给。著作有《左氏解》《公羊释》等。明人辑有《高令公集》。

魏世祖太武帝时，高允与司徒崔浩奉命一同著成《国纪》。高允以侍郎、从事中郎兼任著书郎。他精通天文历法，在著述过程中，经常匡正司徒崔浩的谬误，令人叹服。

当时，有著作令史闵湛等人乖巧奸佞，深得崔浩信任。见崔浩注释的《诗》《论语》《尚书》《易》，便上奏章，说马、郑、王、贾所注述的《六经》，疏漏谬误之处很多，不如崔浩所注精微，因而请求将这些在境内流行的各家注述书籍统统搜集收藏，颁发崔浩的注书让天下人学习。同时请求世祖赐命，让崔浩再注释《礼传》，以使后生晚辈们能够真正领会其中的义理。

有人抬轿子，大事吹捧，崔浩飘飘然不知所以。闵湛阿谀有功，崔浩心中有数，决不能亏待，上表推荐，称赞他有著述的才华。不久，闵湛又怂恿崔浩将其撰写的《国纪》全文刊刻在石碑上，立于交通要道，求永垂不朽，并借以彰明崔浩秉笔直书的事迹。高允听说后，忧心忡忡，料知崔浩这样得意忘形，必无好结果。他不无担心地对著作郎宗钦说："闵湛所作所为，实在是岌岌可危，恐怕会给崔浩宗族招来永世大祸，我们也很难幸免。"

高允料事如神，不久果然事发，崔浩因撰写《国纪》触怒世祖，被收押在审。此时高允在中书省供职，恭宗已被世祖立为太子，曾由高允讲授经史，对他很敬重，见高允因参与《国纪》的撰写也将受到牵连，就设法救助。他派东宫侍郎吴延请来高允，让他留在宫内。

第二天，恭宗奏明世祖，命高允陪同自己进宫朝见。到了宫门口，恭宗说："现你我一同面见至尊，进去后我自会为你疏导，至尊如果询问，你只要依我的意思回答即可。"

二人进宫面见世祖，恭宗小心翼翼地说道："中书侍郎高允一直在臣宫中，与臣相处多年，一向小心谨慎，臣对此十分清楚。他虽与崔浩共事，但位卑言轻，受崔浩制约，责在崔浩，请赦高允不死。"

世祖召高允进前问道：《国纪》是否皆为崔浩所作？"

高允答："《太祖纪》为前著作郎邓渊所撰，《先帝纪》及《今纪》是臣与崔浩同作，但崔浩综理全面，事务繁杂，虽是共撰，其实不过总审裁断而已。至于书中注疏，臣所做多于崔浩。"

世祖闻言大怒："如此说来，你罪更甚于崔浩，岂能放你生路！"

恭宗见世祖发怒，事情不妙，马上插话解释辩白："父皇息怒，高允乃一介小臣，恐惧迷乱以至语无伦次。臣过去曾详细查问，高允都称《国纪》为崔浩所作。"

高祖再问高允："果然如太子所言？"

高允面无惧色，从容作答："臣才疏学浅，著述多有谬误，有违圣恩，又触怒天威，臣已知罪，罪该灭族。臣死在即日，不敢胡言妄说，欺蒙圣听。太子殿下因臣随侍左右讲授经学多年，可怜臣下，故极力为臣请求宽免，其实殿下并未曾问臣，臣下也无此言。臣如实奏报，不敢隐瞒。"

世祖听罢，怒气顿消，对恭宗道："真是直言不讳！这也是人情所难，临死而不巧语饰过，岂不难哉。且为臣不欺君，告朕以实情，真是忠贞之臣。虽然有罪，也可宽免。"于是，高允得到了赦免。

世祖随即召来崔浩，命人诘问，崔浩惶恐迷乱，不能应答。哪似高允，事事申说得清清楚楚，有条有理。这下世祖愈发恼怒，命高允拟写诏书，将崔浩以下，僮仆小吏以上共128人，均满门抄斩，株连五族。

高允受命草拟诏书，但他迟迟不肯写。世祖频频派人催问，高允请求再进见世祖，说明情况然后才好拟诏。

世祖应允，高允面奏说："崔浩获罪，若另有罪状，臣不敢多言，但若仅以此事论罪，罪不该死。"世祖一听，勃然大怒，命侍卫将高允拿下。恭宗只得再次上前求情，世祖道："不是此人劝谏，更要致死数千人。"恭宗与高允再不敢多说，拜谢退下。崔浩最终仍遭灭族灭门之祸，崔浩僚属僮吏也都被处死，但仅止于本人，不累及妻子儿女。著作郎宗钦临刑前，想起高允当时的预言，长叹一声："高允有先见之明，简直是个圣人啊！"

事过之后，恭宗曾责备高允说："做人应知道随机应变，否则多读书又有何益。当时我为你安排导引，你为何不依我言行事，以至触怒圣帝，雷霆万钧，至今想起仍心有余悸。"

高允当时何尝不明白恭宗的一片苦心，但他自有一番道理，此时才告之恭宗："臣是一东野凡夫俗子，本无意做官，不想被朝廷征召，沐浴圣恩，在中书省为官。自思多年来为素餐，枉享官荣，妨碍贤良，心中每每不安。至于说到史籍，应为帝王言行实录，是将来的借鉴，今日借此可以了解过去，后代借此可以知晓今朝，因此言行举动，无不一一记载，为人君者自然对此分外审慎。崔浩世受皇恩，荣耀一时，而辜负圣恩，以至自取灭亡，崔浩其人其事，确有可非议之处。崔浩以平庸之才，而承担栋梁重任，在朝内没有忠诚正直的节操，退归没有雍容自得的称誉，私欲吞没了清廉，个人好恶掩盖了正直与公理，这些应是崔浩的罪责。至于其记载朝廷起居之事，评论国家政事得失，本是撰写史书的惯例，并没有过多违背。臣与崔浩共撰一书，同担一事，亦是事实。死生荣辱，不该有别，依理而言，臣不应有所特殊。今日获免，由衷感激殿下再生之恩。臣违心苟且求免，并非臣之本意。"

高允一席话掷地有声，恭宗听罢，为之动容，又连连慨叹。

◎故事感悟

总观高允言行，始终表里如一，言行不二，不做投机取巧、阿谀奉迎、苟且求生的勾当，以忠直坦诚为其立身准则。人生在世，难得的就是这个"诚"字，更难得的是身处生命攸关，仍能不变本色。高允身在官场几十年，不管风云如何变幻，不计利害得失，慎独慎微，待人以诚，实属可贵，也使他赢得了大家的信赖和尊敬。

◎文苑拾萃

词

（魏晋）高允

紫气干霄，群雄乱夏，王袭徂征，戎车屡驾。

扫荡游氛，克剪妖霸，四海从风，八垠渐化。

政教无外，既宁且一，偃武橐兵，唯文是恤。

帝乃旁求，搜贤举逸，岩隐投竿，异人并出。

叠癣卢生，量远思纯，钻道据德，游艺依仁。

旌弓既招，释褐投巾，摄齐升堂，嘉谋日陈。

自东徂南，跃马驰轮，僭冯影附，刘以和亲。

茂祖茕单，凤离不造，克己勉躬，聿隆家道。

敦心《六经》，游思文藻，终辞宠命，以之自保。

燕、常笃信，百行靡遗，位不苟进，任理栖迟。

居冲守约，好让善推，思贤乐古，如渴如饥。

子翼致远，道赐悟深，相期以义，相和若琴。

并参幕府，俱发德音，优游卒岁，聊以寄心。

祖根运会，克光厥猷，仰缘朝恩，俯因德友。

功虽后建，禄实先受，班同旧臣，位并群后。

士衡孤立，内省靡疚，言不崇华，交不遗旧。

以产则贫，论道则富，所谓伊人，实邦之秀。

卓矣友规，禀兹淑亮，存彼大方，摈此细让。

神与理冥，形随流浪，虽屈王侯，莫废其尚。

吕僧珍谨慎立身

◎不在其位，不谋其政。——金正昆

> 吕僧珍（生卒年不详），字元瑜。东平郡（今山东济宁市北）范县人，家世居广陵（今江苏扬州）。从南齐时起，吕僧珍便随从萧衍。萧衍为豫州刺史，他任典籤。萧衍任领军，他补为主簿。建武二年（495年），萧衍率师援助义阳抗御北魏，吕僧珍随军前往。萧衍任雍州刺史，吕僧珍为萧衍手下中兵参军，被当做心腹之人。萧衍起兵，吕僧珍被任为前锋大将军，大破萧齐军队，为萧衍立下大功。

南北朝时期，吕僧珍为萧衍立下很大的功劳，得到了萧衍的重用，受到了别人无法企及的优待。但他却从不居功自傲，恃宠纵情，而是更加小心谨慎。当处宫禁之中，即使盛夏也不敢解衣。每次陪伴萧衍，总是屏气低声，不随便吃桌上的菜肴。一次，他喝醉了，随手拿了个橘子，萧衍竟笑着说："卿真是大有进步啊。"就这个行为也被视为进步，可见他谨慎到何种程度。

吕僧珍因为离家太久，就上表请求萧衍让他回去祭扫先人之墓。萧衍为了让他能够衣锦还乡，光宗耀祖，不但答应他，还给他使持节、平北将军、南兖州（治今江苏扬州）刺史，即管理他家乡所在州的最高行政长官。但吕僧珍到任后，平等对待下属，不私亲戚，也没有任何嚣张之举。

吕僧珍有个卖葱的从侄，听说自己的叔叔做了大官，就不想卖葱了，跑到吕僧珍那里要求谋个官做。吕僧珍却对他说："我深受国家重恩，还没有做什么成就报效，怎能假公济私啊？你们都有自己的事干，岂可妄求他职，快回葱市干你的本行吧！"

　　吕僧珍的旧宅在市北，挡在前面的是督邮的官府。乡人都劝吕僧珍把督邮府搬走，扩建旧宅。但吕僧珍说："督邮官府自我家盖房以来一直在此地，怎能为扩建吾宅让其搬家呢？"不肯答应。

　　他的姐姐嫁给了姓于的人家，小屋临路，他就经常带着侍从去看望姐姐。一次，姐姐对他说："我家住房很是简陋，你身为刺史，常来这里，只怕有失体面了。"

　　吕僧珍回答说："我要是怕失体面，就不认你这个姐姐了。"

　　看到姐姐有点纳闷，吕僧珍就解释说："姐姐家与百姓杂住在一起，知道民间疾苦。我下访民情，可以从你们口中听到在府衙里听不到的实事，这对我治理兖州非常有帮助啊，我今后还要经常来呢！"姐姐听后很高兴。

　　吕僧珍在58岁病逝，梁武帝萧衍下诏说："大业初构，茂勋克举，及居禁卫，朝夕尽诚。方参任台槐，式隆朝寄，奄致丧逝，伤恸于怀。宜加优典，以隆宠命，可赠骠骑将军、开府仪同三司、常侍、鼓吹、侯如故。"不仅这样，吕僧珍还被加谥为忠敬侯。真是善有其终，这无疑和他立身谨慎是分不开的。

◎故事感悟

　　有了功劳，不要经常说起；有了恩宠，注意不可张扬；有了权力，注意不要滥用；有了做高官的朋友，注意不要趋炎附势；有不得志的朋友，要注意不嫌弃。志当高远，事当慎独，这是亘古不变的做人原则。

◎史海撷英

萧衍勇退北魏

　　萧衍辅佐齐明帝萧鸾做皇帝后，仅过一年，北魏的孝文帝就亲自率领30万军队进攻南朝的齐，沿淮河向东攻打钟离。萧鸾先派左卫将军崔慧景、宁朔将军裴叔业领兵迎战。听到北魏军队分兵攻打义阳后，又派遣萧衍和平北将军王广之领兵救援。

王广之领兵来到离义阳百里之外时，闻听北魏军队人强马壮，十分害怕，不敢迎战。萧衍见状立即请求充当先锋，和北魏军队交战。于是王广之把一部分军队交给萧衍指挥，进兵义阳。

　　萧衍带领军队连夜抄小路赶到了贤首山，距离北魏军只有几里地，然后命令士兵在山上山下插满旗帜。天亮后，义阳城中的齐军看到此景，以为是重兵来给他们解围了，士气大增，马上集合军队出城攻击北魏军，同时顺风放火。萧衍也趁机亲自上阵夹攻北魏军，摇旗擂鼓助威，齐军士气高昂，个个奋勇杀敌。在齐军前后夹击下，北魏军一路溃败而去。齐军赢得了这场战役的胜利。萧衍也因战功而升任太子中庶子。

◎文苑拾萃

侍宴乐游苑饯吕僧珍应诏诗

（南北朝）沈约

丹浦非乐战，负重切君临。
我皇秉至德，忘己用尧心。
愍兹区宇内，鱼鸟失飞沉。
推毂二崤道，扬旆九河阴。
超乘尽三属，选士皆百金。
戎车出细柳，饯席遵上林。
命师诛后服，授律缓前禽。
函辕方解带，峣武稍披襟。
伐罪芒山曲，吊民伊水浮。
将陪告成礼，待此未抽簪。

韦世康辞职

◎知耻知畏知止，慎言慎独慎行。——格言

　　韦世康（530—597年），京兆杜陵（今陕西省西安市南）人，历仕北魏、北周、隋三朝，官至吏部尚书、荆州总管。

　　韦世康是京兆（今陕西西安西北）杜陵（今陕西长安县东北）人。他的父亲是一个隐居之士，魏、周两代，朝廷召他出仕任职，他拒绝不出，人称逍遥公。韦世康自幼受其父影响，处事沉稳，颇有气度。

　　隋文帝杨坚为北周丞相时，相州总管尉迟迥起兵作乱。杨坚派韦世康出任绛州（今山西闻喜县东北）刺史，并对他说："汾（今山西吉县）、绛地区是原来北齐、北周两国的交界地区，现在受尉迟迥叛乱影响，恐怕会动荡不安。我把这一地区交给你，你要尽心竭力地守卫它。"

　　韦世康上任后，尽心竭力，事无大小，都亲自处理，结果辖区之内清静无事，受到杨坚的赞扬。韦世康天性恬静简素，喜好古事，不以得失为意。在州任职期间，曾有隐退的意思。他在给子弟的信中写道："我生在多事之秋，为朝廷所看重，因而为之效命已经多年。如今人虽未老，但壮年已过，已经禁不起世上的风风雨雨。对于俸禄和名声，我并不在意，为了防止它过高、过满，我还不如早退。"因为几个弟弟都劝他，说现在辞职不合适，韦世康暂时打消了这个念头。

　　隋开皇四年（584年），韦世康因为母亲去世，辞职回家操办丧礼。时间不长，朝廷又起用他。韦世康坚持请求辞职，杨坚没有批准。

隋开皇十三年（593年），韦世康回朝任吏部尚书。休闲的时候，他对子弟们说："我听说功成身退，是古人的常道。现在我已年近60岁，名声地位也很高了。想辞职隐退，你们觉得怎么样？"子弟们都表示同意。

于是韦世康趁皇帝宴请百官之机，先对皇帝下拜了两次，然后说："我这个人没什么功绩，现在地位官职却很高。如今年纪大了，恐怕不能担负起国家的重任。因此希望陛下能批准我回家养老，把职位让给有才能的人。"皇帝安慰了他半天，结果还是没有批准，让他出任荆州总管，以便便宜从事。

韦世康一直有辞职隐退的打算，可惜没能成功，最终在他67岁时，死在任上。

◎故事感悟

古语云："劳谦君子，有终。"意谓有功劳而又谦虚，如此君子必定会有好的结果。韦世康待人谦恭，不居功自傲，虽屡辞官隐退，却更加受到重用，终得善果。说明人立身处世，务要加强自我修养，增长才干，否则必定会自食恶果。古语云："自高则必危，自满则必溢。"正说明了这一道理。

◎史海撷英

隋文帝简化地方官制

隋朝之初，隋文帝杨坚首先把中央机构确立为三省六部制，然后又对地方机构进行了改革。由于自南北朝以来郡县的设置一直过繁，可谓是"民少官多，十羊九牧"。因此，隋文帝沿北齐、北周制设州、郡、县三级地方机构。开皇三年，杨坚采纳河南道行台兵尚书杨尚希的建议，废除郡，改为州、县二级制。州设刺史，县设县令。

590年，杨坚诏府兵加入州县户籍，从此兵农合一。对于地方机构，他也进行改革，采纳了度支尚书杨尚希提出的"存要去闲、并大去小"的建议，将原来比较混乱的地方官制，从州、郡、县精简为州、县两级，撤销境内郡五百多个。还裁减了大量的冗官，合并了一些郡县，大大节省了政府开支，提高了行政效率，同时也减轻了人民的负担。为了更好地行使权力，控制地方，杨坚下令，九品以上的官员一律由中央任免，官吏的任用权全部归吏部掌握，禁止地方官就地录用僚佐。并且吏部每年都要对他们进行考核，以此决定奖惩、升降。后来，又推行了三年任期制。

◎文苑拾萃

栖岩寺隋文帝马脑盏歌

（唐）卢纶

天宫宝器隋朝物，锁在金函比金骨。

开函捧之光乃发，阿修罗王掌中月。

五云如拳轻复浓，昔曾噀酒今藏龙。

规形环影相透彻，乱雪繁花千万重。

可怜贞质无今古，可叹隋陵一抔土。

宫中艳女满宫春，得亲此宝能几人。

一留寒殿殿将坏，唯有幽光通隙尘。

山中老僧眉似雪，忍死相传保扃镝。

长孙皇后严以律己

◎廉洁自律，慎独之始也。——格言

> 长孙皇后（601—636年），小字观音婢，其名于史无载。唐朝唐太宗李世民的皇后。长孙皇后是北魏皇族拓跋氏之后，生父长孙晟是隋右骁卫将军、著名外交家，平突厥之功臣；生母高氏，为北齐皇族后裔，名臣高士廉之妹。中国史上最为著名的贤后。

在古代中国，最负盛名的皇帝当数唐太宗了，但他的贤内助长孙皇后却没有他那样的名望，可能是中国人有夫贵妻荣的观念，认为一定是她沾了唐太宗的光。

其实，长孙皇后对唐太宗夺取政权起到了重大作用，不仅如此，她还用自己独特的方式为唐太宗巩固政权作出了非凡的贡献。

长孙皇后在13岁时就与太宗成婚了，武德元年（618年），被册封为秦王妃。武德九年（626年），册封为皇太子妃。武德九年八月，太宗登上皇位时，立为皇后。

长孙皇后是个勤俭节约的人，服饰用品，都力求简单省事。

太宗常常与长孙皇后谈论朝廷赏罚之事，皇后引用《尚书·牧誓》中的话回答道："'牝鸡之晨，惟家之索。'我是个妇人，怎敢干预国家政事？"但太宗坚持与皇后谈论，皇后却始终一言不发。

皇后的哥哥长孙无忌，少年时和太宗皇帝就交往密切，也是辅佐太宗取得成功的元勋，颇得太宗信任。他经常出入内宫，太宗也总是把朝廷重任托付给他。对此，皇后坚持不肯答应，找机会对太宗说："我既已托身紫宫，尊贵已到顶点，实在不想让我的兄弟子侄也在朝廷担任要职。汉朝吕氏、霍氏两家外戚专权，我们应该以其为鉴，不要效仿他们让我家人在本朝当宰相。"

太宗没有采纳皇后的意见，还是任命长孙无忌为左武侯大将军、吏部尚书、右仆射。皇后只好秘密地让长孙无忌请求不要担此职务，太宗不得已答应了他的请求，改授长孙无忌开府仪同三司，皇后这才心安理得了。

长孙皇后有个异母兄长叫长孙安业，好酒，且不务正业。皇后的父亲长孙晟去世时，皇后和长孙无忌都还年幼，长孙安业就把他们俩赶回了舅舅高士廉家，皇后对此事并不介意，经常请太宗厚待长孙安业，使长孙安业的官位做到监门将军。

后来，长孙安业和刘德裕密谋叛乱，太宗要杀他时，长孙皇后叩头流泪为他请命："长孙安业罪该万死，但是天下人都知道他对我很不仁慈，如果对他处以极刑，人们必定认为是我依仗皇帝的宠幸而实施的报复，这不是很有损圣朝的名誉吗？"长孙安业因此被赦免死刑。

长孙皇后所生的长乐公主，太宗十分疼爱，在她出嫁时，太宗命令有司，陪送的嫁妆要比长公主多一倍。魏征进谏道："当初汉明帝时，将要封皇子，明帝说：'我的儿子怎能和先帝的儿子同等待遇呢？'长公主的确应该比公主尊贵，感情远近也有差别，但义是没有等级差别的。如果让公主的礼仪超过长公主，恐怕于理不符，请陛下计议。"

太宗回到内宫后，把魏征的话告诉了长孙皇后，皇后叹息道："我以前听说陛下十分器重魏征，但并不知道什么原因。他真是能用义来制止皇上感情用事的人啊，不愧为国家正直的大臣。我与陛下是结发夫妻，深受礼遇，情深义重，但每当进言时，尚且要看陛下脸色行事，不敢轻易冒犯陛下尊严，何况臣下感情不如我与您近，礼节上又有君臣之别，故韩非子也为此称向君主进言难，东方朔也有同感，这的确是有道理的啊。忠言逆耳，但却对行事有利。对于国家急务的建议，若采纳，则社会安定，若拒绝，则政局混乱，我诚恳地希望您仔细考虑，那将是天下人的幸福。"

太宗非常赞同，于是让长孙皇后派内宫太监带着500匹帛前去赏赐给魏征。

太子李承乾的乳母遂安夫人总对长孙皇后说："东宫缺少用具想奏请皇上和皇后予以添置。"

皇后不肯答应，说："作为太子，所担忧的应是美德不立、美名不扬，干吗计较用具不够呢？"

贞观八年（634年），长孙皇后陪太宗在九成宫住，不幸得病，非常严重，太子李承乾入宫侍奉，秘密启奏皇后说："医药已经用完，您的病情仍未好转，请让我奏请父皇赦免囚犯，将他们度入道观，以求得到上天赐福保佑。"

皇后说："人的生死自有命定，非人力所能给予。如果做善事就能延长寿命，可我平时也从未作恶；要是做善事没用，又有什么福好求呢？赦免罪犯是国家大事，佛教、道教都不过是宗教，不只国家政体没有这个弊端，而且皇上也不能这样做，我一个妇人怎能扰乱国法呢？"

太子听了母亲的话就没敢向父皇提这个要求。他把皇后的话告诉了左仆射房玄龄，房玄龄又把这些话奏闻了太宗，太宗和大臣们听后，无不流泪叹息。

朝臣们都请求大赦天下罪犯，太宗答应了朝臣的请求，但长孙皇后听说后坚决要求撤销这个决定，结果没有得到实施。长孙皇后在病危时与太宗诀别。

当时，房玄龄因为犯了一个小过失触怒了太宗而被免官回家，皇后强撑着病体对太宗说："房玄龄侍奉陛下最久，谨小慎微，奇谋妙计都曾参与策划，却始终不泄露一个字，没犯过什么大错，希望您不要抛弃他。另外，我家族之人侥幸成了皇亲，既然并非因为德高望重而被抬举，就容易走上危险之境。要想永久保全，就不能让他们把握重权，能以外戚的身份朝见皇上就很荣幸了。我在世时，对国家没什么贡献，死后也不用厚葬。而且所谓葬，意思就是藏，就是不让人看见。自古以来的圣人、贤人都崇尚节俭、薄葬，只有无道朝代，才大造陵墓，劳民伤财，被有智慧的人嘲笑。只希望我死后能依山而葬，不起坟墓，不用棺椁，陪葬的物品，用瓦木造就即可。俭薄送终，就是对我最好的怀念。"

贞观十年（636年）六月己卯日，长孙皇后在立政殿去世，终年36岁。

长孙皇后生前曾撰写过古代妇女的善事，刻成了10卷，书名为《女则》，皇后亲自为此书作序。她还曾写论文一篇，批评东汉明帝马皇后，认为她不抑退外戚，使他们当朝掌握重权，却制止他们铺张浪费，认为这是开其祸患之源而节其末节之事，并告诫主管的官员们："这些文章是我用来约束自己的，妇人的著述缺少条理，不想让皇上看到，千万别告诉他。"

皇后去世后，宫中的官员把此事奏明太宗，太宗读后更加悲痛，把这些书拿给近臣们看，说："皇后此书，足以流传后代。难道是我不知天命割不断思念之情吗？她常常能规劝我，补足我的缺漏，如今，再也听不到她的善言，就这样失去了一位贤德的助手，真是令人哀痛啊！"

◎故事感悟

长孙皇后参加了玄武门之变，深知取得政权的艰难，于是自觉承担巩固政权的工作。为了强化唐太宗的地位，她严于律己，因为皇后的品行正是皇帝政治作风的体现。皇后的严谨，反映出这个政权的稳定与否。政治家个人的作风，关系着国家的命运。政治家能够懂得立身的道理，就是国家兴旺发达的动力。

◎史海撷英

唐太宗论弓矢

有一次，唐太宗对太子的老师萧璃说："朕小时候爱好玩弓箭，有好弓十几把，自我感觉没有比这些更好的了。最近把它们拿给造弓的工匠看，工匠却说'都不算好弓'，朕便问其原由，他说：'木心有点弯曲，而木头纹理都不正，即使弓有力，射出的箭也不会直的。'朕才领悟到原来熟悉的东西也不一定能完全分别出好坏。朕凭着弓骑平定四方，统一天下，但都不能做不到十分了解，更别说天下大事了，怎能全都知道？"

于是，唐太宗命令京中五品以上的官员轮流在中书省住，多次召见，询问民间疾苦和政事得失。

◎文苑拾萃

题长孙皇后谏猎图

（元）张翥

黄门晓出西清仗，秋色满天鹰犬王。

虎落遥连渭水南，鸾旗直渡河桥上。

日边云气五色文，虹须天子真天人。

羽林猛士森成列，六气不惊清路尘。

太平无征帝神武，岂为禽荒将按旅。

已知哲后佐兴王，不数樊姬能霸楚。

从容数语郎罢田，六官迎笑花如烟。

眸回那待外庭疏，听谏由来同转圜。

天宝神孙隳大业，锦绣五家争蹀躞。

可怜风雪骊山宫，正与真妃同射猎。

范冉辞友

◎慎独者，方能成大事。——格言

范冉（112—185年），东汉陈留郡外黄（今河南省杞县）人，字史云，一作范丹。马融的弟子，精通五经，特别是《易经》《书经》。被汉桓帝任命为莱芜县长，没有就职。因为家中贫穷，被人称之为"甑中生尘范史云，釜中生鱼范莱芜"。

东汉时期的范冉，有个好朋友名叫王奂，河内（今河南武陟西南）人。这个人精通《五经》，专心学业，不交势利之徒，很合范冉的脾气。

后来，王奂当上了考城县令。考城与外黄县相邻，王奂多次派人拿请帖去请范冉到县中做客，无奈范冉一直不肯去。

等王被提升为汉阳（今甘肃甘谷东南）太守了，范冉得知后，认为要是再不去见一面，等他赴任千里之外，想见就难了。所以，待王奂起程那天，范冉便和弟弟范协一起带着酒饭在路上设宴等待他的到来。远远就看见王奂的车马过来了，他也不上前去迎接，只顾与弟弟大声辩论着学问。

王奂在车中听到声音很熟悉，忙探身观看，果然是好友范冉，连忙下车走上前去，对他说："这里不是我们话别的地方，请贤弟上车，我们一起到前面的亭中歇息一晚，以叙离别之情。"

范冉说："不用了。你以前在考城做官，多次邀请，我也想登门拜访，只是我们一官一民、一贵一贱，怕被人说我趋高就贵，故一直没肯答应。如今，你要远行到千里外当官，不知何时才得见，所以在此设宴相候，以表离别之情。要是我上了你的车，随你去前面亭中，那就有追慕权贵之嫌了。"言罢便起身告辞。王奂望着范冉头也不回的背影，直到完全消失在视野之中。

对范冉而言，王奂既是权贵，又是朋友，自己不愿趋炎附势，但好友远行，自己不能不尽朋友之情，却又不能有结官之嫌，所以，他便选择了路别的方式。如此一来，就巧妙地把王奂的双重身份分开了，使自己立身的原则得以保全。

◎故事感悟

人在一生中总要交朋友，特别是少年时代的朋友，没有世俗利益的干扰，尤其值得珍视。范冉不肯借助朋友的力量为自己谋利，表现了他交友的原则：只讲意气相投，不问利害关系。范冉不愿违背自己的原则，所以对朋友采取了这样一种方式。做人的原则比实惠更重要，这正是范冉做人的成功之处。

◎文苑拾萃

《知己难得》节选

侠名

朋友，是沙漠中的那一涌清泉，带给你的不只是解渴，更有那甘甜清凉；朋友，是炎炎夏日中的一丝凉风，带给你的不只是清爽惬意，更有那馨香舒畅；朋友，是寒冷冬夜的那一块炭木，带给你的不只是浓浓的暖意，更有那升腾的希望和热情；朋友，是那一盏永恒的指路灯，是一生中受用不尽的财富……

朋友是俞伯牙与钟子期高山流水的佳话，朋友是刘备、张飞和关羽桃园结义的慷慨，朋友是荆轲与燕太子丹易水送别的悲壮，朋友是苏轼与黄庭坚良师益友的情怀，朋友是马克思与恩格斯患难相助的真情，朋友是毛泽东与柳亚子诗词唱和的豪迈，朋友是鲁迅与瞿秋白的知己难觅。真正的朋友，敢于超脱世俗，流露真情挚意。阮籍直率，向秀重义，嵇康狂放，却是真朋友。

朋友是神圣的代名词，是慷慨和荣誉最贤惠的母亲，是感激和仁慈的姊妹，是憎恨和贪婪的死敌。真正的朋友，又是何等的难得！

曹鼎保清白

◎名节重于泰山，利欲轻于鸿毛。——司马迁

> 曹鼎（生卒年不详），明朝直隶宁晋（今河北宁晋县）人，明朝官员、进士出身，曹鼐之弟。永乐二年，曹鼎登进士，后授给事中。土木之变后，曹鼐殉难。明英宗在发动夺门之变后，授曹鼎为吏科都给事中。

明英宗时期，曹鼎任泰和典史（相当于现在的检察长）。一次，他抓到了一名绝色女贼，由于离县衙很远，就一起住宿在了一座庙中。

月光下，女贼施尽千般媚态以引诱曹鼎，他实在坚持不住了，就写下了"曹鼎不可"四个字贴在墙上来警告自己。

后来，他转念一想，这荒山野岭，又有谁知道呢？于是他又把纸条撕了下来，正要破门而入时，又觉不妥，感到这是因私欲而废公法的行为，就退了回来把纸重新贴上。

但他又一想，送到嘴边的肉不吃岂不太傻？因而他又把纸条撕掉了。可转念又一想，自己是执法人员，此乃知法犯法啊，不行，又把纸条贴上了；不一会儿又产生一念，她是犯人，做了坏事她也不敢说，又把纸条撕去了；刚要进门，一想又觉不行，这是乘人之危，很不道德。就这样，他一夜折腾了十多次，所幸终于保持了自己的清白。

◎故事感悟

人世间的诱惑太多，面对名、利、权、色，人们往往"眼里识得破，肚里忍

不过"，或许他们也曾为自己的"冲动"有过懊悔、害怕，但是，最终仍没有控制住自己，以至于私欲膨胀，欲壑难填，越走越远。曹鼎作为一名封建时代的小吏，尚能在无人监督的情况下抵制"绝色女贼"的百般诱惑，做到洁身自好，关键在于他脑子里有一条"不可逾越"的警戒线。

◎史海撷英

曹鼎不倦学

曹鼎在会试时中了乙榜，他提出了不担任教职的要求，愿到地方州县去供职，因此被改任为泰和典史。在公务之余，他仍不断学习，修习考试的功课。泰和县尹取笑说："你这样下去可以当状元了。"

曹鼎回答说："我就是要做状元，不达目的决不罢休。"

后来，曹鼎果然中了状元，授翰林院编修，累升吏部左侍郎，文渊阁大学士。

◎文苑拾萃

登炼魔台眺望

（明）周梦旸

二祖崖既奇，炼魔台益矫。

石磴上盘云，曲径羊肠绕。

扪萝陟其巅，身入星辰表。

四壁势削成，巉崖碍飞鸟。

把杯瞩远天，翻觉神州小。

黄河昆仑来，经过细入沼。

亦有伊洛流，茫茫一线渺。

西华与东岱，仿佛烟村杳。

中多白玉膏，服之轻且袅。

清晨如露溥，饮此世绝少。

我志爱餐霞，坐待天将晓。

谢迁洁身自好

◎慎独者，洁身自好。——格言

> 谢迁（1449—1531年），字于乔，号木斋，谥文正。明朝阁老，成化十一年（1475年）状元，一代贤相，三朝元老。浙江余姚泗门（今泗门镇）人。

谢迁在未中状元时，就已经是一个才貌双全、远近闻名的学子了，当时他以开设书馆为生，日间教学，以资路费，夜里攻读，准备来年赴京应考。

一天晚上，邻居家的一位妙龄少女乘双亲赴省城探亲之机，私自来到暗慕已久的谢迁书房中，想要亲近谢迁。谢迁对姑娘以礼相待，毫不越矩，待明其来意后，则非常严肃地对她说："你乃闺房少女，理应自爱自律，孤男寡女怎能轻易共处一室呢？你又怎能不知羞耻而来我处妄求邪淫之事呢？倘若我也不顾礼义，与你淫乱，岂不是毁了你的贞操，使你终生蒙污，而且败坏你家名誉？如此缺德之事，天理难容，千万不可为也！"

少女被谢迁义正词严地训斥后，如梦中醒来，羞愧万分，感激谢迁见色不乱，及时制止她犯下遗恨终生的错事，眼泪不由自主地如泉涌出，拜谢他的训诲，赶忙回家去了。

谢迁依靠他光明磊落的品格以及夜夜勤学不懈，第二年应考便一举高中状元，成为国家的栋梁，为国为民做了很多好事。知道这件事的人都说他能有这么大的成就，乃是他当年拒绝邪淫所得的善报。

◎故事感悟

即使是一个常人，要想真正有所作为，能有大的成就，都要具备高尚的道德品质，特别是不能在"色"的方面犯错才行。对于修炼之人就更是如此了。

◎史海撷英

谢迁为官

谢迁在成化十年（1474年）得中乡试第一、十一年会试得中第三、廷试一甲得中第一名（状元），被派进翰林院从事修撰工作，先后做过同考会试、右春坊右德谕、东宫讲读官、经筵讲官、左春坊左庶子兼翰林院侍读、詹事府少詹事、兼翰林院侍讲学士。

弘治八年（1495年），谢迁入阁办事，升为詹事，主考礼部会试，任《大明会典》总裁官。皇太子出阁后，加太子少保、兵部尚书兼东阁大学士，后来又升为太子太保、礼部尚书兼武英殿大学士。

明孝宗病笃的时候，临终授命，敕加少傅兼太子太傅。正德元年晋阶光禄大夫、勋柱国，敕同知经筵事，任《孝庙实录》总裁官，以刘谨乱政乞归。嘉靖六年（1527年），明世宗遣官起用，敕改户部尚书、谨身殿大学士，晋阶特进光禄大夫、左柱国，任《明伦大典》总裁官，次年以老乞归。

◎文苑拾萃

过杨柳青诗

（明）谢迁

直沽南头杨柳青，昔是杨柳今凋零。

霜风满地散黄叶，河边寂寞双垂亭。

人道垂杨管离别，北往南来兢攀折。

我来袖手怜枯枝，踌躇临河驻旌节。

五云回首怀汉宫，丹枫转眼经霜空。

李梅冬食岂佳味，垂涎奔走嗤狂童。

阳回万物生自色，翰旋造化惭无力。

百年心迹岁寒同，却忆南山旧松柏。

不恋美色为报国

◎若安天下，必须先正其身。未有身正而影曲，上治
而下乱者。——吴兢

> 李光颜（760—826年），本名阿跌光颜，赐姓李，字光远，河曲（今山西河曲）人。李光进之弟。初从河东军为偏将，随郭子仪转战南北，唐宪宗时任忠武军节度使。元和十年（815年），改任淮西诸军行营都统，韩弘以淮西诸军十万人，出击吴元济，韩弘拥兵自重，想倚贼以自重。李光颜作战最力，"矢集其身如猬"，仍高喊杀敌。唐敬宗宝历二年（826年）九月卒。废朝三日，赠太尉，谥号"忠"。

唐宪宗元和十年（815年），摄蔡州刺史吴元济叛乱，任由兵马侵扰劫掠，一直到达东都洛阳周围的地区。宪宗颁发命令削夺了吴元济的官职和爵位，并命令宣武等16道对他进行讨伐。

忠武节度使李光颜也奉命参加讨伐，并在征战中屡立战功。当时，作为淮西诸军都统的韩弘，想借着这次征讨机会来扩大自己的势力和地盘。

早在宪宗元和十年（815年）正月，韩弘就被皇上加封为守司徒。韩弘镇守宣武，仗恃着军队的力量，自以为很了不起，十多年不肯进京朝见，朝廷也就没把他看做忠诚笃厚的臣下对待。给他加封，目的是要借助他所占据的有利地形去对付吴元济。

对于朝廷的用意，韩弘也非常明白，因此也暗中极力扩大地盘，培植亲信，且不忙平定淮西之事，只想拿这次平叛作为捞取资本和向朝廷讨价还价的条件。

韩弘在各位将领中发现，李光颜作战最为勇敢，屡立战功，认定他是个

将才，想收买他。但该用什么方法才能赢得李光颜的欢心、使他归顺自己呢？韩弘苦苦思索着。这时，部下有人献计说："自古英雄爱美人，何不效仿？"韩弘欣然采纳。

于是，韩弘从大梁城中寻觅到一位绝色女子，教她唱歌跳舞，弹奏乐器，以及待人接物，还用珠宝玉器、金银翡翠将她包装得价值连城，然后派遣使者将她送给李光颜。使者见到李光颜时，他正在帐中宴请将士，使者先把信呈给他看。然后将歌妓献上来，她的容貌姿色真是冠绝当代，把满座将士都惊呆了。李光颜看完书信和美女后，沉思良久，然后告诉使者说："韩相公同情我客居他乡，赐我绝色歌妓，深为此恩德感动。但是，我这里有数万将士，都是妻离子别，背井离乡，不顾生死，奋勇杀敌，我怎么能忍心单独以娇声美色自娱啊？"

说完，他流下了眼泪，在场的各位将士也都因为有这样的统帅感激涕零。

李光颜当即在席上赠给使者许多缯帛，并把歌妓也退还给了他，说："代我多谢韩相公的好意。我已决心为国效忠，誓不与忤逆贼人共戴天，即便死了，也无二心！"将士们听了他的话，都十分佩服，并宣誓永远追随他，为国家效力，早日平定叛乱。

使者回去后，把事情经过如实汇报给韩弘，韩弘听了甚感羞愧。

韩弘企图用美人计博得李光颜欢心，以为己用。而李光颜却对朝廷忠心不二，与将士们同甘共苦，忠于职守，不为金钱美女所动，从而让别有用心者无可乘之机。

◎故事感悟

古往今来，不爱金钱、美女者大有人在。其实，他们不是厌恶二者，只是在他们看来，还有比这更重要的东西。李光颜不要韩弘的金钱、美女，在他看来，保持自己的独立，为国家平叛，要比金钱、美女有价值得多。他拒绝了金钱、美女，但得到了不受别人控制的独立，得到了将士们同仇敌忾的决心和一致拥戴。我们能不佩服李光颜的明智吗？

◎史海撷英

李光颜平淮西

元和十二年（817年）四月，李光颜在郾城打败了淮西军，杀死他们近一万人。唐军缴获了上千匹战马、三万武器，沉重打击了敌军的士气。

郾城守将邓怀金和郾城令董昌龄都有了投降的意愿。只是，士兵的父母妻子都在蔡州做人质，要是不战而降，父母家人就都会成为吴元济的刀下鬼，这使他们下不了决心。李光颜得知情况，便和他们达成秘密协定：唐军率先攻城，城中举火求援，以引出吴元济的军队来援，等唐军将他们击溃后，郾城守将就打开城门迎接唐军。

双方依计划而行，收复了郾城，吴元济慌忙调集重兵防御李光颜的进攻，蔡州兵力因此空虚，致使后来的李愬得以上演了一出雪夜入蔡州的千古传奇。

李愬带领9000精兵，在风雪中奔行130里，闪电般袭击了蔡州城，活捉了吴元济，三万多淮西军投降了朝廷。吴元济在长安被斩首，淮西平定了。唐宪宗在麟德殿召见了李光颜和李愬，以示功冠诸将。李光颜成为检校司空，赏得了整整二十多车刍米。

◎文苑拾萃

述旧纪勋寄太原李光颜侍中二首

（唐）杨巨源

玉塞含凄见雁行，北垣新诏拜龙骧。
弟兄间世真飞将，豼虎归时似故乡。
鼓角因风飘朔气，旌旗映水发秋光。
河源收地心犹壮，笑向天西万里霜。
倚天长剑截云孤，报国纵横见丈夫。
五载登坛真宰相，七重分阃正司徒。
曾闻转战平坚寇，共说题诗压腐儒。
料敌知机在方寸，不劳心力讲阴符。

洁·洁身自好

第二篇

清廉洁身不腐化

公沙穆以廉立身

◎廉者常乐无求，贪者常忧不足。——宋·司马光
《文中子补传》

公沙穆（生卒年不详），字文义。北海胶东（今山东平度东南）人。他出身贫贱，自幼不好嬉戏。长大以后，学习《韩诗》《公羊春秋》等儒家经典。

公沙穆不爱钱财，洁身自好。他身为平民时曾养过猪，由于猪生病，便让人带到市场上去卖，并对卖者说："要是有人买，就一定要告诉人家这是头病猪，要少收钱，不能隐瞒真相，当好猪卖给人。"卖猪者把猪带到市场后，很快便卖了出去，但没有告诉人家是病猪，卖了个好价钱。公沙穆知道后，千方百计找到了买猪人，讲明情况，将多收的钱退还了。

还有一次，有个叫王仲的富人对公沙穆说："如今世道，人们都用钱给自己买通仕途。我愿意资助你百万，使你飞黄腾达，怎么样？"

公沙穆说："非常感谢你的厚意，但富贵在天，得之有命，我不想用钱来得到官位。"

东汉时期，有一种可让乡里推举孝悌廉洁之人作为孝廉的制度，这是进入仕途的第一步。公沙穆被举为孝廉，很快又被迁为缯国相。

公沙穆不是把廉洁作为进身的手段，而是把它作为立身的根本。他走上仕途时，正处东汉王朝晚期，社会动荡，政局不稳，官场险恶，到处陷阱。但公沙穆一路担任过缯国相、弘农令、辽东属国都尉等职，直到66岁死于官任之上时，都不曾遇过任何坎坷，而且深得吏人欢心，这无疑是与他的廉洁品行分不开的。

◎故事感悟

廉洁在任何时候都是一种美德。廉为立身之本，这对从政者尤为如此。它是一种品质，是一种生活态度，也是立身于社会的明智之举。

◎史海撷英

公沙穆治弘农县

弘农所在地为今陕、豫交界，古函谷关在其境内，地理位置重要，政务繁重，历来难治。但自从公沙穆调任弘农县令后，治绩优异，尤其在防治蝗害上卓有成效，深得弘农百姓的敬爱。

汉桓帝永寿元年（155年），豫西一带连遭暴雨，洪水泛滥，"三辅以东，莫不淹没"。由于公沙穆通晓气象水文之学，提前组织百姓迁移到安全地带躲避，结果唯独弘农受灾最轻，公沙穆由此更被百姓尊若神明。

◎文苑拾萃

墨　梅

（元）王冕

我家洗砚池头树，朵朵花开淡墨痕。

不要人夸颜色好，只留清气满乾坤。

袁涣不贪财宝

◎质本洁来还洁去，强于污淖陷渠沟。——曹雪芹
《红楼梦》

> 袁涣（生卒年不详），字曜卿，陈郡阳夏人。名门之后，东汉末人物，曾效力于袁术、吕布及曹操势力之下。

建安五年（200年），魏国的曹操攻打下邳（今江苏睢宁西北）。此时，袁涣正在曹操手下担任沛南部的都尉。

下邳城的城内积存着吕布的无数财宝，曹军在攻破下邳后，曹操就给手下的官员们每人几辆战车，让他们随心所欲地瓜分那些财物。官员们个个争先恐后，把值钱的东西都据为己有，每辆车都装得满满的。

这时，唯独袁涣与大家不同，没有挑任何值钱的东西，只拿了一些书籍和一些口粮。别人见他这样，都不免为自己的贪财感到羞愧。

有一个与袁涣比较亲近的人问他："你为什么只拿了点口粮而不要值钱的东西呢？现在大家都赞扬你呢！"

袁涣回答说："因为行军的时候口粮是必不可少的，所以我只拿点口粮呢。本来也没有别的意思，想不到竟会受到大家的赞许，得了好名声，真有点不敢当啊！"

后来这件事情被曹操知道了，就更加尊重袁涣了。

袁涣在曹操手下时，曾先后担任谏议大夫和丞相军祭酒，为曹操出谋划策，得到了曹操的很多赏赐。但是，袁涣却把赏赐的财物都送给了别人，自

己不积攒财物，也不购置产业。有时自己缺少什么东西，也坦然地求助别人。大家都非常钦佩他行为端正、光明磊落的廉洁作风。

◎故事感悟

　　古人像袁涣这样清廉的官吏，都能受到颂扬和爱戴，那么今天，社会在飞速发展前进，为官者更应廉洁自律、修养品德。廉洁自律，向来难以做到，究其原因，在于人出来做事的目的是什么？如果目的就是求富贵，有了发财的机会，自然不会放过。如果有更高的要求，对财宝就不那么看重了。人生的目标将决定人生价值标准，同时也将在这样一种利益选择的时刻体现出来。

◎史海撷英

袁涣不畏权势

　　袁术在阜陵被吕布击败后，袁涣也被吕布逮住了。吕布命令袁涣写信辱骂刘备，遭到他的严词拒绝。后来，吕布三番五次地催逼他，袁涣始终不答应。吕布大怒，手执兵器威胁道："如果你依照我的命令写信辱骂刘备，我就放你一条生路。否则，你就只有死于我的刀剑之下。"

　　面对死亡的威胁，袁涣轻蔑地一笑，鄙夷地说："我只听说世上有以德行使人感到羞辱的事，从未有因被谩骂而感到受辱的。刘备如果有君子风度，接到您的辱骂信后，定会非常鄙视将军的这种行为；而如果他也属于小人之辈，同样会像您那样，回敬一封辱骂信，那样招致耻辱的就是我们而不是刘备了。何况，我以前曾侍奉刘备，他有恩于我，我怎么能写信辱骂他呢？否则，就像我现在跟随将军，一旦离去，别人命我写信辱骂您一样，实感不妥。还望您三思。"

　　听了袁涣的一番高论，素来只逞匹夫之勇的吕布被折服了，很惭愧地向他道歉，不再逼他写辱骂信了。

◎文苑拾萃

拒礼诗

（宋）包拯

铁面无私丹心忠，做官最忌念叨功。

操劳本是份内事，拒礼为开廉洁风。

田豫拒金

◎须知香饵下，触口是钩。——李群玉《放鱼》

田豫（171—252年），字国让，幽州渔阳郡雍奴县（今天津市武清区东北）人，三国时期曹魏将领。

田豫出生于三国魏文帝年间，官至魏国大将军。他离任后，隐居在魏县。当时，健步诣被派到边关防守，念于田豫以前的恩情，上任路过魏县时，就去拜访他。

老友见面自然十分高兴，田豫杀鸡款待，又送他到了田野上，说："我这个退隐老人，你还辛苦地跑来看望，可惜我没什么能帮助你的啊！"健步诣同情田豫的清贫，与他泪别后，还和一些老朋友说起这个情形。

汝南太守筹集匹布数千，派人馈赠给田豫，但田豫一件也不要。他在病重时对妻子说："我死后一定要将我埋葬在西门豹的旁边。"

妻子感到有些不解，就问："西门豹是古代的神仙，怎么能葬在他身边呢？"

田豫回答："西门豹所做的事与我很相似，如果死者有灵，他肯定会善待我的。"妻子就依了他的意愿。汝南太守听到噩耗后，悲痛万分，为他画像又竖碑。

田豫是个难得的清官，平日清廉节俭，赏赐给他的东西，还常常分送给将士们。凡是胡、狄部落偷偷送给他的财物，他都记录在册并送入官仓，从不拿回家用，所以他家非常清贫。正因如此，连不是他同道的人，也都对他的高尚品德给予肯定。嘉平六年帝王下诏褒扬他的事迹，同时恩赐给他金钱和粮食。

鲜卑族素利等部落，常带上牛马等礼物来拜见田豫，田豫就把这些礼物转送给官府。这些部落的使节觉得以前送的礼物太显眼，不如送黄金，就秘密地怀藏30斤黄金，对田豫说："希望避开左右的侍从，我有话要说。"

田豫让身边的人回避，部落来使便跪下说："我们看到您十分清贫，所以以前送来一些牛马，但您却把它们交给了官府。今天秘密地送些黄金给您，好作为您家中的财产。"

田豫听到此话大吃一惊。他暗想，要是当面拒绝，只怕会伤了和气，因此就故意张开宽大的衣袖，把黄金收下，并感谢他们的好意。

等到部落的使节回去后，田豫立即将这30斤黄金全部送到了官府的库房，然后又将这一情况写成奏折送给魏文帝。魏文帝知道这件事后，下诏表彰田豫说："春秋时期有个叫魏绛的人，为表示与戎族友好，光明正大地接受他们送来的礼物。而现在你举袖接受鲜卑送来的黄金却交公，真是非常了不起的做法啊！"

魏文帝还赏赐给他500匹绢。田豫收到后，分一半放在公家的小仓库里，以备奖赏给立功的将士；另一半则送给部落使节，以答谢他们送来黄金的情意。

◎故事感悟

部落的使节怀金送田豫真的是很"机智"的做法，他们没有恶意，但田豫仍然拒收。对于"拒礼"来说，有时形式可能不是最重要的。田豫的这种清廉洁身的作风也是值得我们当今社会提倡的。

◎史海撷英

田豫战鲜卑

曹丕登基后，对北方边境的异族（主要是鲜卑）不断侵扰颇感头痛，便派牵招、田豫等人去应付。

田豫发现，高柳—濊貊（山西阳高县—朝鲜半岛北半部东南）一线，鲜卑有十几个部落，轲比能、弥加、素利三巨头各霸一方。他们讲好不用马匹和中原交易，田豫借此挑拨离间，诱使素利出售1000匹马给魏国，轲比能因此和素利翻脸，进攻素利，田豫出兵救援。

田豫率领精锐部队深入敌区，轲比能兵多势众，前后包抄，截断后路。田豫无路可退，索性不退，向前推进到离营区仅十多里的地点安营扎寨。然后派人搜集牛马粪便，把粪便点燃，冒出烟来。敌人远远看去，以为田豫部队在生火煮饭，哪知这时田豫早已带兵悄悄遁走，跑了几十里，才被发现。

鲜卑兵急忙追赶，田豫退兵到了马城（今河北怀安县西北），被重重围困。这时田豫命令司马（重要将领下属有司马一职，负责军务）举起旗帜，演奏军乐，率领步、骑兵从南门出来，敌人都被吸引住了，张大眼睛观看。不想田豫另外率领精锐骑兵从北门冲出，呼杀声四起，两面夹击。敌人的包围圈被冲散了，阵脚大乱，丢弓弃马而逃。田豫率兵追击二十余里，杀得尸横遍野。

◎文苑拾萃

度关山

（魏晋）曹操

天地间，人为贵。

立君牧民，为之轨则。

车辙马迹，经纬四极。

黜陟幽明，黎庶繁息。

于铄贤圣，总统邦域。

封建五爵，井田刑狱。

有燔丹书，无普赦赎。

皋陶甫侯，何有失职？

嗟哉后世，改制易律。

劳民为君，役赋其力。

舜漆食器，畔者十国，

不及唐尧，采椽不斫。

世叹伯夷，欲以厉俗。

侈恶之大，俭为共德。

许由推让，岂有讼曲？

兼爱尚同，疏者为戚。

裴宪、荀绰的廉洁耿直

◎临官莫如平，临则莫如廉。——《孔子集语·漆雕氏》

石勒（274—333年），字世龙、初名，小字匐勒，上党武乡羯胡民族，是五胡十六国时代后赵的开国君主。石勒初年因公师藩而起兵，后投靠汉赵君主刘渊，后却与汉赵决裂，由汉赵分裂出去。石勒在他的谋臣，汉人张宾辅助之下以襄国（今河北邢台）为根据地，并陆续消灭了王浚、邵续、段匹磾等西晋在北方的势力，继而又消灭曹嶷，进侵东晋以及消灭刘曜领导的汉赵，又北征代国，令后赵成为当时北方最强盛的国家。石勒又实行多项措施，推动文教和经济发展。

314年，汉赵的征东大将军石勒采用闪电战的方式，夺取了幽州州城蓟县（位于今北京市西南），抓获了王浚。此后，石勒大开杀戒，不仅处死了王浚，还屠杀了他手下一万精兵。王浚原来的部将、属官和幽州的士大夫们都吓坏了，个个争先恐后地跑到石勒的营门去请罪，呈献的金银财宝堆成了小山。

但是，在这股喧闹一时的请罪、献金"浪潮"中，却有两个人稳坐家中不动，一个是从事中郎荀绰，另一个就是尚书裴宪。石勒对他们俩的名声早有耳闻，得知他们没来谢罪后，立即派人召见他们。

石勒对他们说："王浚在幽州暴虐无道，人鬼共愤。现在被我兴兵诛杀，使百姓脱离了水火之中，大家都来庆贺、谢罪，请求得到宽恕，唯有你们两人不来，这是为什么？你们不知改悔，难道就不怕杀头吗？"

石勒的威胁并没有吓倒裴宪、荀绰。裴宪神色坦然地说："我们几代人都受到晋王朝的恩惠和荣耀。王浚本人虽然粗暴凶恶，行为不端，但他毕竟是晋王朝的封疆大臣，我们怎能背叛？既然明公不准备以仁义教化天下，而非要用酷刑治理幽州，那么，被您杀死也是我们的本分，干吗要逃脱呢？请把我们交付给有关部门处决了吧！"

说完，裴宪和荀绰转身就走，也不拜石勒。

他们的气节令石勒非常赞赏，赶忙请他们留步，并亲自下座向他们道歉，以贵客的隆重礼节来招待他们。

枣嵩、游统等，是最早向石勒请罪、献金的几个王浚的亲信，石勒却下令把他们全都杀了。他指责枣嵩等人贪赃枉法，扰乱法令，祸害了幽州；游统等人对主人不忠，因此杀无赦。接着，石勒又下令清查王浚及其部将、属官、亲戚的家产，发现他们每一家都有数至巨万的不义之财，唯独裴宪和荀绰二人家里只有一百来本书和食盐、谷米各十余斛。

石勒听了清查报告后，更加钦佩他们两人，说："裴宪和荀绰真是名不虚传啊！这次战斗的胜利，我不但喜得了幽州，还喜得了裴宪和荀绰二位廉洁、忠贞之臣啊！"于是，石勒任命裴宪为从事中郎，荀绰为参军。

裴宪后来在石勒父子手下做官，一直做到右光禄大夫、司徒、太傅，封安定郡公，德高望重，为百姓称颂。

是啊，凡是英明的统治者，都喜欢耿介、廉洁的臣属，即使曾经冒犯过自己，也不会去计较。裴宪遇到了要创大业的石勒，因此得到重用；也正由于石勒能够重用裴宪、荀绰这样的廉洁、忠贞之士，他才得以开创后赵帝国的事业。

◎故事感悟

北宋包拯有一首诗说："清心为治本，直道是身谋。秀干终成栋，钢精不作钩。"清心即廉，直道是耿。以廉洁耿直为人，以廉洁耿直立身，洁身自好，这在当时是令人称道的行为。历史上不乏耿介清廉之人，周昌之耿直，杨震之清白，经千年而不败，经万世而流传，谁能说他们的立身之道不牢固而长远呢？

◎史海撷英

石勒抚顺百蛮

石勒称帝后，承袭了刘渊胡、汉分治的办法，称赵王时，又自号大单于，"镇抚百蛮"，命石虎为单于元辅。称赵天王后，又命其子石宏为大单于。

石勒禁止胡人侮谩汉人士族。看到很多胡族有兄死欺嫂的普遍风习，他也加以禁止，并不准再丧婚娶，以适应汉人习俗。官职基本依照晋制而有增设，如置专司胡人词讼的门臣祭酒，管理胡人出入的门生主书。

攻占幽冀后，石勒还核实州郡户口，每户所课租调比西晋王朝对农民的剥削有所轻减。为节省粮食，立国后禁止酿酒，计划推行钱币，代替布帛交易，可惜未能实现。

石勒对教育也相当重视，在襄国和地方都设立了学校。在新中国成立前，他还曾命人采择晋代律令要点，作为暂行制度，后改为正式律令。所设官职有律学祭酒。不过他本人却残酷好杀。

◎文苑拾萃

题石勒城二首

（唐）吕温

长驱到处积人头，大旆连营压上游。
建业乌栖何足问，慨然归去王中州。
天生杰异固难驯，应变摧枯若有神。
夷甫自能疑倚啸，忍将虚诞误时人。

崔玄伯功高不腐化

◎威严不足以易其位，重利不足以变其心。——《战
国策·赵策二》

崔玄伯（？—418年），本名崔宏，字玄伯，以字行。清河东武城（今山东省德州市武城县）人。北魏大臣。史载玄伯"出总庶事，入为宾友，众务修理，处断无滞"。苻坚召为太子舍人，再迁著作佐郎。太原人郝轩称崔宏有"王佐之才，近代所未有也"。迁居齐鲁地区。北魏道武帝久闻其名，特遣轻骑追至海滨，拜为黄门侍郎，"俭约自居，不营私产，家徒四壁"，"出无车乘，朝晡步上"，家中几无资产，"妻子不免饥寒"。魏明元帝泰常三年（418年）卒。明元帝下诏痛惜，赠司空，谥文贞公。有长子崔浩，次子崔简，三子崔恬。

崔玄伯少年时期就显露出了奇才，人称冀州（今河北中南部、山东西端及河南北端）神童。

苻融在冀州时，对崔玄伯十分敬重，奉其为上宾，处处以礼相待，授任他为阳平公侍郎、冀州从事、主管征东记室。在外，他总管处理日常事务；入内，则是苻融的宾客好友。每日政务繁多，崔玄伯办理得井井有条，他处事果断，从不拖泥带水。

前秦主苻坚听说了崔玄伯的事情，对他的才能感到惊异，非要召为太子舍人，崔玄伯以母亲身体有病婉言辞谢，不久被降职为著作佐郎。太原（今阳曲、高城、平遥和顺间的晋中地区）人郝轩，素能知人，称崔玄伯有辅佐帝王的才能，近世没有人能与之相比。崔玄伯因躲避战乱停滞在齐鲁之间，被叛将张愿羁留，郝轩扼腕长叹："这样有才华的人遇到如此动乱年代，不能借扶

摇之势奋起，只能与燕雀之辈同伍，岂不是太可惜了！"

虽然战争频仍，兵荒马乱，崔玄伯仍专心致志刻苦攻读，也不在意家中财产多寡，他的妻子跟随他不免常遭受饥寒折磨。

太祖早就听说玄伯有奇才贤德，立刻召见崔玄伯，与之纵论天下大事，崔玄伯果然满腹经纶，应对如流，太祖心中大喜，任命他为黄门侍郎，伴驾左右，协助处理机要大事，为朝廷制定法令礼俗。

太祖要重定国号，交有关机构议论。崔玄伯引经据典，上自三皇五帝，下至殷商秦汉，历数其制定国号的由来原委，最后论及当世称："我国拥有广袤北方领土，地域辽阔，现传至陛下，蛟龙腾舞，应运而生。陛下虽是承继旧国，但又开创新业，于登国元年（386年）改代国为'魏'，现又有慕容永进献魏土，国力更盛，以'魏'命国，意味着神州大地，我为头等大国，这是改朝换代徵验，是大吉大利的兆头，臣以为应立国号为'魏'。"太祖觉得崔玄伯所言极是，欣然同意，于是四方宾王进贡，都称"大魏"。

太祖驾临邺地（今河北临漳县西南邺镇东），召崔玄伯询问旧事，玄伯熟知历史，一一从容应对，有问必答，太祖非常满意。

此后，崔玄伯又被任命为史部尚书。大业初创，百业待兴，崔玄伯受命，督促各有关机构设置官职爵位，制定朝廷礼仪，颁定法令律条，明确各种规章制度，最后交由崔玄伯审查裁定，一旦确立，即作为今后长久的规范。此时的崔玄伯，位置权重名望高，可以说是要风得风、要雨得雨。人逢得势，最易忘乎所以，日渐奢侈，为所欲为，以致招致祸灾。但崔玄伯一向清醒，自律很严，不随同流俗。官越做越大，仍一如既往，洁身自好，俭朴清廉，从无分外之举。

崔玄伯淡泊利禄，自己不经营产业，家徒四壁，清贫如洗。出门不乘车马，朝夕步行上下朝。老母七十高龄，每日也是粗茶淡饭。太祖久有耳闻，曾派人秘密察访，果然不错，因而对他更加器重，优厚赏赐。

也有人讥笑崔玄伯这样自苦未免过分，他听后都泰然处之，不因别人的议论以致嘲讽而改变初衷，反倒格外小心谨慎，清廉一贯。

太祖驾崩，太宗尚未继位，此时清河王拓跋绍听说朝中人心不稳，觉得有机可乘，便拿出大批钱财布帛馈赏朝臣，收买人心，只有崔玄伯知道他居心叵测，坚决不肯接受。太宗登朝，因崔玄伯拒受拓跋绍财物，有忠臣的节操，非常敬重，屈尊登门看望，特别赏赐丝帛200匹，这令曾接受过拓跋绍馈赠的重臣长孙嵩等人愧疚不已。

◎故事感悟

人人都有"春风得意马蹄疾"的时候。有的人由于忘乎所以，马失前蹄，一失足成千古恨；有的人由于头脑清醒，扬鞭奋蹄，一路风光一路歌。北魏崔玄伯属于后者。守志者，情意精专，不为外物所惑。他们独立不惧，遁世无闻，贫贱不移，富贵不淫，威武不屈，宠辱不惊。然而守志却难。古往今来，一些人被地位、权力、利禄冲昏头脑，滥用权势，膨胀私欲，看风使舵，营一己之私。这些人何志可谈，何志可守！

◎史海撷英

拓拔珪追请崔玄伯

北魏道武皇帝拓拔珪在征讨后燕国期间，崔玄伯曾经弃郡出走，东奔海滨。拓拔珪早就闻听崔玄伯的大名，知道这个人学识渊博，足智多谋，因而专程派人骑快马把他追了回来。

当时有人反对，说崔玄伯是个汉人，没必要这样重用他。拓拔珪却说，要是没有汉人，我们就没法统治中原。道武帝将崔玄伯请回之后，非常谦虚地与他谈了一次话。

道武帝从谈话中更加了解了崔玄伯，觉得自己没有看错人，立即让他担任黄门侍郎，与另一个臂膀张衮一同负责处理机要事务，共同参与军机大事，制定国家制度。

经过一段时间的观察后，崔玄伯发觉道武帝也是个明主，因而决定辅佐他成就一番大业。

◎文苑拾萃

赠中尉李彪诗

（北魏）韩延之

贾生谪长沙，董儒诣临江。

愧无若人迹，忽寻两贤踪。

追昔渠阁游，策驽厕群龙。

如何情愿夺，飘然独远从。

痛哭去旧国，衔泪届新邦。

哀哉无援民，嗷然失侣鸿。

彼苍不我闻，千里告志同。

胡叟送日月

◎廉者，民之表也；贪者，民之贼也。——包拯《乞不用赃吏》

> 胡叟（生卒年不详），南北朝时期人物，生逢乱世，四方漂泊，坎坷多艰。他一生清贫，视富贵如浮云，满腹经纶，好发奇谈怪论，一支妙笔，写就天下文章。观其人，闲云野鹤，潇洒脱尘；观其行，天马行空，无拘无束。

南北朝时期，有一位怪才名叫胡叟。他少时便聪颖过人，悟性极高，13岁时就能辨疑析理，举重若轻，与成人高谈阔论，常令对方汗颜，因而远近闻名，人人称奇。

胡叟自学成才，但不肯拜师。有人劝他，他就口出狂言："古代圣贤之言，得其精神要义者，无非《易经》而已，深思熟虑即可知其大半。而今日迂腐儒士，只能粗略分辨刚柔二体，岂能探幽发微，预知未来，何谈为师？潜心求道，并非在乎相师。"

胡叟平日浏览群书，过目成诵，喜好作文，文思敏捷，驱遣文字，既典雅优美，又粗犷通俗。

羌人姚苌之子姚兴，在槐星（今陕西兴平县东南）称皇帝，后又降格自称天王，与魏军交战多年，屡受重创，渐渐衰微。胡叟见姚氏政权风雨飘摇，此后必有动荡，特只身进入长安城（今陕西西安市西北以东至华县），体察风情民俗，静观世事变迁。因怕被人知道，隐姓埋名，行踪不定。

当时，京北有个叫韦祖思的名士，从小饱读经籍，学问不浅，自视清高，对当世名流不屑一顾。但他早闻胡叟大名，听说胡叟来到长安，急忙设法召来相见，一同切磋。韦祖思待客比较随便，对胡叟不免稍怠慢。

　　胡叟为人是何等狂傲，对这一切都看在眼里，但并不多言，故且与祖思话些天气冷暖之类无关痛痒的闲话，话不投机，拂衣而起就要告辞。韦祖思好生奇怪，忙上前挽留，说："正要与君纵论天道人事，为何突然辞去？"

　　胡叟答道："可以谈论天道人事者早已不在，我知君，君知我，何必如此夸夸其谈。"言罢，不再啰嗦，头也不回地飘飘然扬长而去。

　　胡叟一生四海为家，没有固定的居所。他最早进入汉中（今陕西南郑县），再随刘宋王朝的梁秦二州刺史冯翊吉翰入蜀。在蜀期间，胡叟为当地的豪杰俊才所推崇。

　　当时，蜀中有个僧徒名叫法成，聚集率领游僧近千人，铸成丈六高的金佛像。宋主刘义隆恨他聚众喧哗，要对他施以极刑。胡叟听说后，急急忙忙赶赴丹阳（今安徽宣城县），极力为法成申说美言，终于使法成得以赦免。返回蜀地后，法成感恩不尽，一定要赠送珍宝财物，价值千匹布帛。胡叟重义轻财，说道："我此行是为德请命，义不容辞，与钱财何干！"将财物统统拒绝，仍是两袖清风而去。

　　益州（大部在今四川省内）地处西南荒僻贫瘠之地，北有杨难当，西有沮渠牧犍，都是偏据一隅，建起自己的小朝廷。胡叟在这里住了五六年，始终无人赏识。胡叟也看清了这些小朝廷的苟安一时，不会长久，自己滞留其间也没有什么施展的余地，因此曾对知己广平（今河北鸡泽东南）人程伯达赋诗表明归魏的心迹说："吾之择木，凤在大魏。"

　　其后，他果然北上归附北魏朝。

◎**故事感悟**

　　人生在世，最难摆脱功名利禄的诱惑，立身之难，也正在于此。以胡叟的才气和名望，不难出人头地，谋求荣华富贵，但他却于滚滚红尘中不为名利所动，安贫乐道，洁身自好，孜孜追求潇洒逍遥的人生境界，真是活得自在。在名利场中追逐的人，不妨学学胡叟！

◎史海撷英

胡叟田耕庖厨样样在行

胡叟饱读经史，绝非四体不勤的书呆子，田耕庖厨样样出色。有一次，一个叫高闾的朋友登门拜访，正巧看见胡叟一身短打扮，背着一捆柴草从田间走来。

朋友来访，当然要热情款待，虽然居室寒酸简陋，场院狭小，但饭菜精细、洁净，别有味道，浊酒、菜蔬、主食均是自家手制，佐以醋酱等调料，确实鲜美。

胡叟有两个妾，均已年老色衰，又瞎又跛，一身布衣，可谓褴褛不堪。高闾见此光景，很是不忍，就赠给他价值十余匹布帛的实物。胡叟也没推辞，坦然收下了。密云一带的人都很敬仰胡叟的品德，经常送给他粮谷麻布，胡叟却从不独享，总是跟大家共用，由此直至去世也没有余财。

◎文苑拾萃

古意赠今人

(南北朝) 鲍令晖

寒乡无异服，毡褐代文练。

日月望君归，年年不解缓。

荆扬春早和，幽冀犹霜霰。

北寒妾已知，南心君不见。

谁为道辛苦，寄情双飞燕。

形迫抒煎丝，颜落风催电。

容华一朝尽，唯余心不变。

高恭之不避权贵

◎宁作清水之沉泥，不为浊路之飞尘。——曹植《九咏》

> 高恭之（生卒年不详），北魏渤海蓚县（今河北景县）人，自称辽东（今辽宁辽阳）人。字道穆，以字行。孝明帝时为御史，纠劾不避权豪。正光中，出使相州，因奏发前任刺史李世哲劣迹而结怨。及兄谦之为李氏所害，他托庇于长乐王元子攸（孝庄帝）。孝庄帝即位，累迁中书舍人、给事黄门侍郎、御史中尉，参与机密。曾弹劾仆射尔朱世隆，选拔名士充御史，议置廷尉司直十人以肃法纪。官至尚书右仆射、南道大行台。后尔朱兆兵入洛阳，他被世隆所杀。谥曰成。

　　魏有高恭之，字道穆，世人不称呼其名而称呼其字。他潜心攻读经史，增长学识，在交友中非常慎重、挑剔，不是名流，不是俊才，便不与之往来。道穆志向很高，常对别人说："人生一世，应发奋立行，贵在被当世所知，否则就该退居江湖，砥节砺行，自求发展。"

　　他这样说，也这样做，时时寻求机遇，努力使世人认识自己，做一番事业。适逢御史中尉元匡选拔御史，他不失时机，毛遂自荐，以书信向元匡表明心迹，言辞恳切，行文优雅，元匡对道穆早有耳闻，见信后更加赏识，遂选用为御史。

　　御史为历代王朝中专司弹劾纠举的监察官员，责任重大，为官不易。元匡识人，道穆亦不辜负元匡的知遇之恩，上任伊始，大刀阔斧，该纠则纠，当查就查，毫不手软，也不管什么权贵豪强，概不避让。为此，深得元匡信赖，御史台中的事情，无论大小，道穆常参与其间，为元匡出谋划策。他曾向元匡进言说："古人有言，惩治一人，当使万人震慑，擒贼先擒王，豺狼当道，不问狐狸。明公肩负国家重任，应竭尽全力让天下人知法守法。"元匡对此深表赞同。

孝明帝正光年间，道穆奉命出使相州（今河北临漳县），相州刺史李世哲为前尚书李崇之子，正在春风得意之时，依仗权势，恣意妄为，置法律于不顾。他强买民房，大兴土木，建造起豪华住宅，高高的屋脊上都仿照宫殿安上了鸱尾形状的装饰，围墙上装有手中持节的小木人，奢侈越礼。道穆调查清楚后，毫不踌躇，马上将其绳之以法，命人全部拆毁，并从宅中搜出大量赃物，之后，将详情一一奏报朝廷。

庄帝重掌朝政后，道穆被授任征南将军、金紫光禄大夫、御史中尉，兼黄门。他在外秉公执法，在内参与决策机密大事，凡有利国利民的事情，决不耽搁，一定向庄帝呈报；见到不当之处，极力劝谏，耿耿忠心，净净良言，丝毫没有顾忌。他所选用的御史，都是当时有威望品德高尚的名流。

道穆处处依法行事，不分尊卑贵贱。仆射尔朱世隆为当朝权贵，气焰冲天。一次，道穆在朝中见他衣冠不整，有损礼仪，不容分说，当下就弹劾纠正。

不过，最值得大书一笔的还是他与庄帝的姐姐寿阳公主的一场冲突。当时，寿阳公主正乘车外出，行至中途，不知何故，随行的卒役不小心触犯了公主，公主命人用赤红大棒殴打不止，并大声斥骂，这样做违反了皇族外出行必清道的律条。道穆撞见，上前制止，公主自恃是皇亲，并不把道穆放在眼里，仍我行我素。道穆一怒之下，喝令座役用大棒槌破公主的车子。堂堂公主，当众受辱，岂肯善罢甘休？因此把道穆恨得咬牙切齿，回去就向庄帝哭诉。庄帝倒还明白，也深知道穆的为人，便安慰道："高中尉清廉耿介，他的所作所为皆为公事，不宜因私怨而轻易责罚。"

过后，道穆进见庄帝，庄帝特意向他提起了这件事，说："前日，朕之姊行路时多有冒犯，朕因此事深感惭愧。"道穆见庄帝悉知内情，并不因触犯皇姊而降罪，心中感动，马上免冠叩谢说："臣蒙陛下恩遇，身为御史，恪守陛下制定的法令，不敢因公主一人而违犯朝廷典章，以致辜负陛下殷殷期望。冲撞公主乃不得已而为之，还望陛下恕罪。"

庄帝听罢愈加谦和，笑道："朕有愧于卿，卿却反来谢朕，真乃朕之贤臣。"

◎故事感悟

高道穆不因人废法，坚决维护法令尊严，即使皇亲公主也不例外，忠勇可嘉，不愧一耿介之士。耿介之人必忠正无私，唯此方有耿介之语、耿介之举。而庄帝不偏袒皇亲，能识人、信人、用人，不因小失大，就此而言，还是有些眼光和胸怀的。

◎史海撷英

寿阳公主与梅花妆

南朝时期，有一年正月初七的下午，宋武帝刘裕的女儿寿阳公主正在宫廷里与宫女们嬉戏。

不一会儿，寿阳公主感到有些累了，就在含章殿的檐下躺下小憩。正巧一阵微风吹来，蜡梅花纷纷飘落，有几朵正好落在了寿阳公主的额头上，经汗水渍染后，在公主的前额上留下了腊梅花的淡淡印痕，挥之不去，这使寿阳公主看上去更显娇柔妩媚了。

皇后见了寿阳公主后，非常喜欢，特意让寿阳公主保留着它，三天后才把它洗掉。

从那以后，爱美的寿阳公主便经常摘几片蜡梅花粘贴在前额上，以增妩媚。宫女们见了，个个称奇，都跟着仿效起来。于是，这种被人们称为"梅花妆"（或简称"梅妆"）的妆饰方式便在宫中迅速流传开来。

◎文苑拾萃

竹疏梅瘦摊破浣溪沙梅花妆

佚 名

懒画双眉翠黛长，笑提朱笔点云妆。

迟报三分早春讯，蕊心黄。

片片红香明秀目，纤纤白玉动柔肠。

娇挽雪前梅花指，细端详。

高允清廉怀下属

◎从容不迫的举止，比起咄咄逼人的态度，更能令人
心折。——三毛

> 高允（390—487年），字伯恭，渤海蓨（今河北景县东）人。少年丧父，清河崔玄
> 伯见而异之，叹曰："高子黄中内润，文明外照，必为一代伟器，但恐吾不见耳。"曾
> 让产予弟，出家为僧，法名"法净"。不久还俗求学，常负笈千里。高允好文学，熟
> 《春秋公羊》，初为郡功曹，后为中书博士，迁侍郎。神䴥二年（429年）奉诏与崔浩、
> 邓颖、晁继、黄辅等同撰国史，纂成《国书》三十卷。文成帝时，位至中书令。卒年
> 九十八。著作有《左氏解》、《公羊释》等。明人辑有《高令公集》。

　　虽然高允长期在朝廷为官，家境却一直贫寒。有一次，文成帝亲自到他
家慰问，只见他家旧屋数间，被褥是麻布做的，棉袍是用旧棉絮做的，厨房
里只有食盐和青菜，文成帝叹息道："古人的清贫也没到这个地步啊！"当即
下令赏赐给高允500匹绢、1000斛米，还任命他的长子高枕为绥远将军和长
乐太守。虽然高允多次上表推辞，文成帝也没肯答应。

　　对于个人仕途的发展，高允也看得很淡。当初跟他同时被征召的游雅等
人，都已经封侯，他部下的一百多人也官拜刺史2000石，唯有高允做了27年
郎官仍然没有提升。北魏官吏没有俸禄，高允就经常让孩子们上山打柴采野
菜来维持生活。因此，文成帝对他非常尊重，一直称呼他"令公"，不叫他名
字。这个称呼也慢慢流传开来。

　　可是，对于有困难的人，即使是犯罪人的亲属，高允也乐意相助。尚书
窦瑾犯罪被杀后，他的儿子窦遵逃亡到山里隐藏起来，妻子焦氏则入宫府做
了女婢。后来，焦氏由于年迈被赦，然而窦瑾的亲戚朋友却没有一个人肯收

留照顾她。高允非常可怜焦氏年老孤独，就把她接到自己家中供养了6年，等到窦遵被释罪放行后才送回他家去。

太和十年（386年），高允已经97岁，但却头脑清醒，精神矍铄，还能记得从前各种官吏的职守，翻阅核对史书。孝文帝给他加官光禄大夫（官阶名），仍然还向他征求有关金章紫绶和朝中大政方针的意见。

孝文帝知道高允喜欢音乐后，就下诏说："高允年逾古稀，却家贫如洗。请主管宫廷音乐的太乐署，抽调10名演奏弦乐器和竹质管乐器的艺人，每5天就到高允家去演奏一次，让他晚年快乐。"另外还特别赏赐给高允四川产的牛、乘车和白色生绢等物品，每逢春秋季节就给他送去各种山珍海味。

后来，孝文帝又下诏，每天早晚为高允供应饮食，每月初一和十五还给他送去牛肉和美酒，每月发给他衣服丝绵和绸缎，以便能延长高允的生命，好让他继续为朝廷服务。但是，高允每次都把物品分给自己的下属和旧友。

高允生病时，孝文帝、冯太后特地派御医给他看病，并赏赐给他只有皇上才能享用的各种美食，如酒、肉、粮、床帐、衣服等，庭院都堆满了。还有亲王和各级官员也络绎不绝地前去慰问。高允喜形于色，对人说："皇上认为我太老了，赏赐这么多东西，正好可以分发给客人了。"同时，他还上表对皇恩表示感谢，只是没过几天，高允就去世了。

◎故事感悟

听说官场有一术语叫"安全降落"，也有相反的例子说"晚节不保"。高允年逾古稀，但家贫无储，这是多么廉洁清正的品质啊！

◎史海撷英

高允简朴

有一天，文成帝召开朝会，发现著作郎高允已经27年没升过职，他本人居然从未提过这方面的要求，不由得大为感慨。他说："你们这些人虽然每天手拿刀枪弓箭，在我一旁侍候，然后观察我高兴的时候向我乞求官职，这不过是站立的功劳，却得到封王封侯。高允用一支笔辅佐国家，他的部下已经有一百几十人都官至刺史了，他却一直在做郎官，你们难道自己不感到羞愧吗？"

大臣们听了面面相觑，没敢吱声。这时司徒陆丽上前禀告说："陛下教训得是，高允虽然没少受皇上的恩宠，但家中贫苦，妻子儿女没有家产。"

文成帝大为惊讶，马上命令起驾，亲自到高允家察看。

进得高允家的大门，只见院落荒疏，仅有草屋数间，屋里炕上的被褥都是用麻布做成，家人穿的都是用旧棉絮做的棉袍，厨房里只有一点食盐和青菜。文成帝看过，不住叹息："古人的清贫也不至于到这步田地啊！"他招手让高允过来，询问原因。原来北魏的官吏都没有工资，他们的生活主要靠皇帝的赏赐，或者经营些田产取得收入。高允当年随太武帝南征北战，立下不少功劳，得到的赏赐无数，但都被他分给手下的士兵了，他自己则过得非常窘迫，以致有时无米下锅，只好经常让儿子们上山打柴采菜，以补贴家用，维持生活。

文成帝深受触动，当即下令赏给高允绢帛500匹，谷米1000斛，任命他的长子高忱为绥远将军、长乐太守。高允三番五次地上表推辞，称其不可当此大用，文成帝态度坚决，不予批准。

◎文苑拾萃

《酒训》节选

（魏晋）高允

自古圣王，其为飨也，玄酒在堂而？酒在下，所以崇本重原，降于滋味。晏泛爵旅行，不及于乱。故能礼章而敬不亏，事毕而仪不忒。非由斯致，是失其道。将何以范时轨物，垂之于世？历观注代成败之效，吉凶由人，不在数也。商辛耽酒，殷道以之亡；公旦陈诰，周澧以之昌。子反昏酣而致毙，穆生不饮而身光。或长世而为戒，或百代而流芳。酒之为状，变惑情性，晏曰哲人，孰能自竞？在官者殆于政也，为下者慢于令也，聪达之士荒于听也，柔顺之伦兴于诤也，久而不悛，致于病也。岂止于病，乃损其命。谚亦有云：其益如毫，其损如刀。言所益者止于一味之益，不亦寡乎？言所损者夭年乱志，夭乱之损，不亦夥乎？无以酒荒而陷其身，无以酒狂而丧其伦。迷邦失道，流浪漂津。不师不遵，反将何因。

傅昭廉洁立身

◎此乡多宝玉，慎莫厌清贫。——黄遵素《霞舟随笔》

> 傅昭（生卒年不详），字茂远。北地灵州（今宁夏灵武县）人。一生经历宋、齐、梁三朝，任过州郡属官、地方长官，甚至是朝廷官。

傅昭是北地灵州（今宁夏灵武北）人。他一生经历宋、齐、梁三朝，任过州郡属官、地方长官、朝廷官，在各种险恶的政治环境中保持了自己的地位和名声，可谓深通立身之道。

傅昭的立身之道，概括起来有两个字：一曰慎，二曰清。傅昭的父亲名叫傅淡，在南朝刘宋时以善"三礼"知名，曾任竟陵王刘诞的属官。刘诞谋反，傅淡也受到牵连被杀。当时傅昭年仅6岁，但父亲之死，在他幼小的心灵中刻下了为人须谨慎的教训。

后来，司徒建安王刘休仁欲召傅昭为属官，傅昭看到宋朝的政局不稳，没有应召。南朝萧齐永明初年，傅昭长期任南郡王萧昭业的侍读。后来，萧昭业继帝位，他旧时的属僚臣纷纷来争求权宠，唯有傅昭无所参入，不求荣耀，仅求保身而已。后来，萧昭业当上皇帝仅六个月便被废，傅昭因未卷入这场政治争斗而免祸。

南朝萧梁时，有一次，儿媳从娘家带回牛肉以孝敬傅昭。那时候有个法令，禁止私自屠宰耕牛。傅昭便对儿子说："这牛肉吃了则犯法，告发则害了亲家，还是将牛肉收下埋了吧。"傅昭用此法，既保全了自身，又保护了亲家，可见其处事谨慎周到。

　　梁武帝天监十一年（512年），傅昭被任命为信武将军，安成（今广西宾阳东）内史。安成郡中有溪无鱼，有一年盛夏，有人献给傅昭一些鱼。傅昭不愿意收，又不愿得罪送礼者，便把鱼放在门边。别人见此，便不好意思再送了。

　　天监十七年（518年），傅昭任智武将军、临海（今浙江临海东南）太守。郡中有一处蜜岩，以前各任太守都把此地封为官地，借以收利。傅昭到任，下令勿封，与民同利。

　　史载傅昭所莅之官，常以清静为政。他居朝廷，无所请谒，不畜私门生，不交私利。其处世立身可谓明智，其得以善终，被皇帝谥为贞子，正是得益于清廉谨慎这两个立身之法。

◎故事感悟

　　傅昭的谨慎与他周密的思考是分不开的，他认为吃牛肉犯法，告发则害了亲家，只有把牛肉埋掉。其实如果事情暴露，他埋掉牛肉，也属于知情不报，会受到惩罚。可见任何谨慎之人，在生活中也免不了要担责任的。问题的焦点是敢不敢承担责任和自己是否考虑好了在事情到来后该怎样应付。有了为官清廉这个基础，任何事情都有应付的理由。所以傅昭的两条经验，原本是相辅相成的。

◎史海撷英

傅昭善待百姓

　　傅昭自幼生活贫寒，日后出任要职后，即使大权在握，他也从不妄收一物。

　　有史书记载，傅昭为官清廉自守。在担任浙江临海太守时期，由于当地盛产蜜橘，以前的太守经常加以派人看管，不让老百姓采摘。傅昭到任后，将橘子摘下来放在衙门口，让老百姓随便吃。老百姓对此十分称赞，说傅昭是真正为人民着想的好官，是真正的清官。

◎文苑拾萃

六朝门傅昭

（唐）周昙

为政残苛兽亦饥，除饥机在养疲羸。

人能善政兽何暴，焉用劳人以槛为。

独立使君裴侠

◎清风两袖朝天去，免得闾阎话短长。——于谦《入京》

> 裴侠（？—559年），字嵩和。河东解（今山西运城西南）人。祖父裴思齐曾在北魏时任议郎。父亲裴欣为西河郡守，死后得晋州刺史的名号。裴侠虽以门资解巾赴任，以至官达公卿之位。然而他官高不失其志，一生为政清廉，生活俭朴，克己爱民，所在州郡人民感其遗爱。

　　裴侠13岁时失去了父亲，青年时任州主簿，举为秀才。北魏正光年间（520—525年）以门资得到散官奉朝请，后升任为义阳郡守。

　　永安二年（529年），元颢反叛魏朝，攻下了洛阳，并派使者到义阳见裴侠。裴侠烧掉送来的书信，对他的命令充耳不闻。

　　不久，尔朱荣率军平定了叛乱，孝庄帝回到洛阳嘉奖功臣，以裴侠有忠勇精神而授予他东郡太守，兼防城别将一职。

　　永熙二年（533年），高欢打败了尔朱荣之子尔朱兆，收其部众，势力大增。孝武帝为了抑制高欢，起用拥有重兵的贺拔胜和贺拔岳兄弟俩，同时向河南（今山西南部黄河以南地区）征兵，加强京城的防卫。裴侠则率自己的部众前来京都守卫。

　　永熙三年（534年），高欢用计除掉了贺拔岳，形势变得非常严峻。武魏将军王思政私下和裴侠商讨时政，认为当时权臣高欢不领王命，自以为是，孝武帝力量日渐衰弱，如此情景该怎么行动？裴侠认为，假如和高欢作对，那就会有眼前的麻烦，要是与宇文泰交往又怕有将来的忧虑，不如跟随孝武帝，谨慎从事，从长计议，相机行事。王思政同意这个决策，因此向孝武帝推荐，授予他左中郎将的职位。正在这年，高欢进军洛阳，孝武帝逃奔长安。裴侠随其入关，因此赐爵清河县伯，官至丞相府士曹参军。

西魏文帝大统三年（537年），高欢与宇文泰在沙苑（今陕西大荔）大战，裴侠率领乡兵部曲随军打仗，奋不顾身，十分勇猛。文帝奖励他的勇猛精神，引用孔子"仁者必勇"的话语令他改裴协为裴侠，同时升为侯爵。

大统八年（542年），并州刺史王思政镇守玉壁（今山西稷山西南），在朝中选择镇守的将领，结果选中了善战的韦孝宽和富谋的裴侠，命裴侠为长史。玉壁城周围八里，四面临谷，地势险要，易守难攻。高欢通过高官厚禄的方式招聘了王思政，希望瓦解西魏的力量。王思政让裴侠替他回信，文字气势磅礴，文帝称赞他帮助他人挫难解纷堪比战国时的鲁仲连。

大统十二年（546年），高欢多次攻打玉壁未成功，得病退兵，裴侠因为守玉壁有功而被封为河北郡守。上任后他躬履俭朴，爱民如子。河北郡旧例有30名渔猎者和30名男丁供郡守驱使，裴侠觉得满足自己的口腹去役使他人心有不安，因此，悉令免除。将他们交纳的租税买了官马，几年繁殖成群。但当他离任时，却一无所取，郡内民众无不怀念他，人们编了歌谣传颂道："肥鲜不食，丁庸不取，裴公贞惠，为世规矩。"

文帝十分欣赏裴侠勤政爱民的风范，很想把他作为众郡守的模范。一次，在朝中他请裴侠独立一边，然后对众人说，裴侠奉公清廉天下无人能比，你们谁能同他相比可以站到他这边来，众郡守都不敢应对。于是文帝把丰厚的物品赏赐给他，朝野上下无不心服口服，胜赞他是"独立使君"。

◎故事感悟

裴侠所以能鹤立鸡群，名留青史，显然得益于他注重修身养性，洁身自好。在裴侠那个时代，当官的恐怕不是在想着如何保住小命，就是想着怎样及时行乐，而裴侠不但自己清廉为公，还宣扬这种很"不合时宜"的清廉，这个"独立使君"的称号真是名副其实！"独立使君"的作风应当受到后人的尊敬。

◎史海撷英

裴侠为官清正

557年，北周孝闵帝即位，裴侠升任为司邑下大夫，加骠骑大将军、开府仪同三司，进爵为公。后又担任户部中大夫，几十天之内就调查、揭发出贪官污吏的行为，树立了清廉严政的威名。

随后，裴侠又被调任工部中大夫，把那里的贪官污吏吓坏了。大司空的掌钱物典李贵躲在家里哭。裴侠得知后令他自首，李贵承认贪污赃款500万。裴侠劳神过度得病了，昏昏沉沉，一日忽听到有五鼓的声音，立即惊起，奇怪的是病情竟因此好转了。晋公宇文护感叹裴侠的忠诚，病危还忧国忧民。

在裴侠病重期间，许国公宇文贵、北海公申微等都曾去问候他，看到他住的房屋贫瘠寒酸，返回朝中向明帝报告。明帝顾惜他的贫苦，为他修住宅，并赐给他十顷良田。明帝武成元年（559年）裴侠病故。朝廷赠给他太子太师和蒲州刺史的称号。赐谥为贞。

◎文苑拾萃

神士赋歌

（北魏）李谧

周孔重儒教，庄老贵无为。

二途虽如异，一是买声儿。

生乎意不惬，死名用何施。

可心聊自乐，终不为人移。

脱寻余志者，陶然正若斯。

岑文本尽忠职守

◎若无知足心，贪求何时了？——白居易《西掖早秋
直夜书意》

岑文本（595—645年），南阳郡棘阳县（今新野县）人，字景仁。唐初贞观朝的宰相之一，封爵江陵子，也是隋唐时代重要的文学家。自幼聪慧敏捷，博通经史。他善于文词，《新唐书·艺文志》著录其文集60卷，已散佚。《全唐文》录存其文20篇，《全唐诗》录存其诗4首。

岑文本原为萧铣部下中书侍郎，专门掌管文书档案。河间王李孝恭降服萧铣，平定荆州以后，岑文本劝说李孝恭制止部下劫掠荆州、江陵百姓。李孝恭欣然采纳，任命岑文本为荆州别驾。后李孝恭进击辅公祏，召岑文本掌管军中文书，任命他为行台考功郎中。

贞观元年（627年），太宗任命岑文本为秘书郎，兼直中书省。后经李靖推荐，岑文本又被提拔为中书舍人。岑文本负责起草诏书、文告，事务繁多时，岑文本即命六七名书僮同时书写，由他一人口授，片刻即告完成，条理、文辞皆极尽其妙。后太宗又命岑文本代颜师古任中书侍郎。

岑文本是书生出身，把谦逊当做自己立身的根本。平生的故人、旧友，即使地位低贱，岑文本也以平等之礼相待，不因自己居高官而慢待他们。岑文本崇尚节俭，他的住宅陈设极其简陋，室内连坐垫、帷帐之类的物品都没有。岑文本对母亲极孝顺，对弟弟、侄儿恩义也很深。太宗常夸奖岑文本"宽厚忠谨"，表示愿意"亲近他，信任他"。

当时，刚刚立晋王李治为皇太子，朝中的君士多兼任宫官，太宗也想让

岑文本兼任太子宫中的官职。岑文本两次向太宗行叩拜礼，说道："我才能平庸，任职已经超出了我的才能。我仅任现在的一职，还生怕自己产生自满情绪，岂敢再增添太子宫的官职，而招致时人的旁议！我请求一心一意侍奉陛下，不再希冀东宫的恩泽。"于是，太宗放弃了原来的打算，但仍然令岑文本每五日一次去东宫参见太子。

皇太子李治以接待宾客、朋友的礼节接待岑文本。不久，太宗任命岑文本为中书令，岑文本回到家，面带忧色，他的母亲感到奇怪，问他其中的缘故，他说："我既不是皇上的功臣，又不是皇上的旧臣，非分地承受恩宠，官位高，责任重，所以感到忧愁、恐惧。"

亲戚故旧有人前来祝贺，岑文本就说："我只接受慰问，不敢接受祝贺。"

又有人劝他经营产业，他叹息着说："我原是南方的一名平民百姓，徒步进入函谷关，原来的愿望只不过是充任一名秘书郎或一名县令而已，没有一点战功，仅凭舞弄文笔而达到中书令的高位，这已是到了极点。领取优厚的俸禄，内心感到恐惧的事已经很多，怎么能再谈及经营产业呢？"向岑文本进言的人叹息着退了出来。

将伐辽东时，太宗把所有筹划调度之事都委托岑文本办理。岑文本接受重任，尽心竭力，精神极度紧张，连言辞举动都与平时迥异。太宗见岑文本如此操劳，心中十分忧虑，对左右的人说："文本今日与我同去，恐怕不能与我同归了。"

等到大军到达幽州（治所在今北京西南），岑文本突然患病，太宗亲临病榻前探望，流着泪抚慰他。不久，岑文本在军营中病逝。当天夜里，太宗听到更鼓之声，说道："文本病逝，大家心情沉重，不忍心再听到击鼓之声。"立即命令停止击鼓。

◎故事感悟

岑文本尽忠职守，勤勤恳恳为朝廷效力，由于认真负责，操劳过度，英年早逝；但他忠于职守，认真负责，勤恳工作的精神，值得我们学习。

◎史海撷英

唐太宗器重岑文本

　　唐太宗在位期间，颜师古是朝廷的重臣，文书巨擘，精通典章文物制度，名重一时。皇帝的诏诰全部由他来写。后来，颜师古因事丢官，当时人们都认为无人可以代替他。可是，唐太宗却说："我有南阳岑文本，才能远在颜师古之上。"

　　不久，太宗任命岑文本为中书侍郎，专管机密，可见是多么器重他。岑文本不仅才华横溢，而且重于操守。每遇升官，不喜反忧，不是感到才能不足，而是觉得应该多做实事，责任重大，因此唐太宗非常赏识他。

◎文苑拾萃

奉和正日临朝

（唐）岑文本

时雍表昌运，日正叶灵符。
德兼三代礼，功包四海图。
逾沙纷在列，执玉俨相趋。
清跸喧辇道，张乐骇天衢。
拂蜺九旗映，仪凤八音殊。
佳气浮仙掌，熏风绕帝梧。
天文光七政，皇恩被九区。
方陪瘗玉礼，珥笔岱山隅。

清贫宰相卢怀慎

◎唯廉者能约己而爱人，贪者必瘦人以肥己。——《明史·循吏传》

> 　　卢怀慎(？—716年)，滑州灵昌(今河南滑县西南)人。武则天时任监察御史，迁右御史中丞、黄门侍郎，为官清廉谨慎，家里的陈设用具简陋。唐玄宗开元元年(713年)为进同紫微黄门平章事，三年(715年)迁黄门监。与姚崇同为宰相。卢怀慎才能不及姚崇，遇事推诿，时人称"伴食宰相"。后兼任吏部尚书。以疾致仕，卒，遗言推荐宋璟、李杰、李朝隐、卢从愿，唐玄宗哀悼感叹，赠荆州大都督，谥文成。

　　卢怀慎很早就开始做官，一路升迁。尽管做了卿相，但从来没有挣下什么房子土地等产业。平时穿的衣服都很朴素，家里用的器具也都是粗瓷土陶。虽然身为大官，他却总是把自己的俸禄和得到的赏赐分给亲友和旧部享用，随得随散，从不觉得可惜，以至连自己的妻儿都会因此忍饥受冻。

　　有一位名叫张星的博士实在看不下去了，便向皇上进言，说如果像卢怀慎这样清廉忠直的人都不加以优待，会让天下人寒心的。唐玄宗听了这番话，便赐给卢怀慎一些布匹和粮食。

　　卢怀慎病危时，宋璟和卢从愿一同去看望他，见他家中门窗破烂，每逢风吹雨打，就挂一张破席子遮挡一下。一日两餐，只有简陋的几碗饭菜。傍晚时分，宋璟和卢从愿吃了两碗蒸豆，喝了两杯淡酒，便回去了。

　　卢怀慎去世后，家里见不到一点积蓄，一位老仆人愿意卖掉自己，拿了钱为他办丧事。

　　多年以后，玄宗经过卢怀慎的墓，见墓上连一块碑都没有，想到卢怀慎生前对他的忠诚，和他兢兢业业的精神，禁不住潸然泪下。

开元三年（715年），唐玄宗告诉怀慎说："我读书时总是碰到许多问题，却苦于无人可以请教。请你找一些饱学之士，进皇宫来陪我读书。"

卢怀慎推荐马怀素、褚无量，自己也与他们一起进宫侍读，玄宗称他们为"老师"。一位皇帝的老师，死后居然会如此惨淡，实在让人叹息。

卢怀慎身为宰相却清贫到如此地步，真可谓中国官吏史上的一奇。《中国奇人大观》这本书中评论道："当官当成这个样子，委实是没多大意思了。把钱都分给别人而使自己的妻儿陷于饥饿，尤使人莫名其妙，就如同一个人把身上所有的钱都给了乞丐，反过来自己去要饭一样。如果他不是傻子，就一定是另有所图。"

的确，卢怀慎并不是傻子，但看得出他是有所图的，他图的不是物质享受，而是良心的安慰，图的是更多人因为他的慷慨奉献而变得更加幸福。

后来，卢怀慎的两个儿子卢奂和卢弈也都成了忠臣良吏。当时人说开元后40年，只有三个清官，即宋璟、李朝隐和卢奂。

◎故事感悟

古书也评卢怀慎"当官当成这个样子，委实是没有多大意思"，今人可能也不理解，但是，他那清廉洁身的作风，却十分令人敬佩！

◎史海撷英

卢怀慎劝谏

幼年时期的卢怀慎就表现不凡，其父的朋友监察御史韩思彦感叹地说："这个孩子将来的才气不可限量啊！"

果然，卢怀慎长大后中了进士，历任监察御史。

神龙年间，卢怀慎升任侍御史。唐中宗去上阳宫谒见武后，武后诏命他十天一朝见。卢怀慎劝谏说："以往汉高祖受命为帝时，五天去一次栎阳宫朝见太公，因为从布衣登上皇位，拥有天下，将尊贵归于父亲，因此这么做。如今陛下遵守成法、继承皇统，怎么还这样做呢？何况应天门离提象门才两里多，骑马不能成列，乘车不能并行，总是在这里出现，万一有愚人进犯车驾，虽将他问罪也来不及啊。所以愚臣认为，要尽孝养之情就应将太后接到内朝来，这样可以免去出入的烦难。"

只可惜，唐中宗并没有采纳卢怀慎这些有建设性的谏言。

◎文苑拾萃

郊庙歌辞·享龙池乐章·第四章

（唐）卢怀慎

代邸东南龙跃泉，清漪碧浪远浮天。
楼台影就波中出，日月光疑镜里悬。
雁沼回流成舜海，龟书荐祉应尧年。
大川既济惭为楫，报德空思奉细涓。

高汉筠的清正

◎慎独则心安，主敬则身强。——曾国藩

高汉筠（872—938年），字时英。五代齐州历城人。早年就读于长白山书院，致力于科举功名。唐昭宗年间，升为都校。天福三年（938年）正月，病故于东京（今河南开封）私第。

后唐明宗李嗣源（867—933），五代十国时期后唐第二位皇帝（926—933年在位），在位8年。他是沙陀人，姓名不详，名邈佶烈，唐河东节度使李克用的养子。

唐朝末年，政治腐败，战争不断，高汉筠感叹：身在乱世，书生无用，因此投笔从戎，充为卫州（治今河南汲县）牙校。后唐建立（923年）后，庄宗李存勖改常山为北京，高汉筠被任命为皇城使，检校兵部尚书、左骁卫将军同正。

明宗即位（926年）后，授高汉筠为德州节度副使，后移镇襄州，权知军州事。

明宗长兴年间（930—933年），高汉筠先后任曹、亳二州刺史，检校司徒，行左金吾卫大将军。他为官清廉，在襄州供职时，一贪官私赠黄金500两，高汉筠说："吾有正俸，此何用焉？"将500两黄金全部上缴朝廷，并警戒该官不可再献。在亳州三年，每年百姓拖欠的赋税他都用自己的薪俸代纳。

清泰末年，河东节度使石敬瑭在太原反叛，后唐明宗派晋昌节度使张敬达率军围攻他，委派高汉筠巡抚晋昌（治今甘肃安西东南）。

张敬达在作战中死去后，晋昌节度副使田承肇便率部围攻节度使府署，企图杀掉高汉筠。

然而，高汉筠却大开府门，坦然迎接。田承肇的部将都敬服高汉筠是一条硬汉，便把刀扔在地上说："不可枉杀。"然后，率领部队离去。

石敬瑭建立后晋（936年）后，连着传数诏征召高汉筠，封他为左骁卫大将军、内客省使。

◎故事感悟

高汉筠的清正廉明，弘扬了我们民族固有的传统美德，即提倡廉洁自律，秉公办事，不徇私情，不谋私利，清白做人的精神。

◎史海撷英

唐明宗为政清廉

李嗣源为官期间，痛恨政治的腐败，因此即位后便开始着手整顿吏治，禁止官吏徇私请托、荐引，买卖官告文书，限制各级官吏荐引和荫庇官员的数额，三番五次严词申令，不准官吏对人民任意搜求苛敛，违犯者将予以严厉的制裁。

当时，管理国家财政的度支使孔谦对百姓很苛刻，几乎是横征暴敛，导致民怨极大。李嗣源担任监国时，就首先宣布了孔谦的罪状，对他处以极刑，并将其家产全部籍没，撤销了度支司机构，孔谦所立的苛敛之法也全部废除。

李嗣源即位三个月后，便以"纵贪饕之意，除官受贿，树党循私"之罪，将出身名门、劝进有功的宰相豆卢革及其所荐引的另一宰相韦说黜贬为"长流百姓"，后又杀掉了豆卢革，此外又令诸镇杀死后唐庄宗时所委派的监军宦官，并将曾经助纣为虐替后唐庄宗干坏事的数百名宦官，全部抓捕处死。

◎文苑拾萃

我 身

（唐）白居易

我身何所似？似彼孤生蓬。

秋霜剪根断，浩浩随长风。

昔游秦雍间，今落巴蛮中。

昔为意气郎，今作寂寥翁。

外貌虽寂寞，中怀颇冲融。

赋命有厚薄，委心任穷通。

通当为大鹏，举翅摩苍穹。

穷则为鹪鹩，一枝足自容。

苟知此道者，身穷心不穷。

洁己爱民的施邦曜

◎进不失廉，退不失行。——《晏子春秋·内篇问上》

施邦曜（1585—1644年），字尔韬，浙江余姚人。明朝末期的忠臣，李自成破北京后以死殉国。

万历四十八年（1620年）七月，神宗皇帝逝世。光宗于八月初一继位，仅坐了一个月的皇帝宝座，便于九月初一在抢夺皇权的倾轧中突然死去，年仅39岁。接着是熹宗继位，改年号为天启。熹宗生性机巧，但只酷爱斧锯木匠之事，不问政务。当时宦官魏忠贤猜忌阴毒，好阿谀，博得了天启皇帝的宠信，将内外大权揽于一身，权势显赫，可谓一人之下，众人之上，内外均呼他为九千岁。

由于朝廷众官员惧怕魏忠贤威势，纷纷奔走魏阉之门，没人敢不从。唯有施邦曜不趋附于魏，绝不与之往来，始终保持自身贞洁。

魏忠贤见施邦曜不肯附和阉党，就多次设法刁难他。最后觉得施邦曜留在京城有碍自己，难消怨恨，就干脆把他调到福州任漳州知府。

漳州地处东南沿海，九龙江的下游出海口，是当时海盗经常出没的地方。施邦曜到任后，尽力查知所属各县的奸盗之首，掌握了当地各股土匪和海盗的名单。每当盗案一发生，都能及时抓获，群盗为之震惊。

当时，一个叫郑芝龙的海盗巨魁刚归顺朝廷不久，为了拉拢朝廷命官，他将一件用琥珀黄金制作的礼品赠送给施邦曜。施邦曜见此礼品制作工艺极佳，十分喜欢，当即留下了这件礼品。见施邦曜留下礼品，郑芝龙心中暗喜，以为施邦曜也是一个见好就收的贪官。哪知第二天郑芝龙刚起床，就见知府衙门早已差人把礼物送了回来，原来施邦曜留下它并不等于收下它，他把这件做工精湛的艺术品观赏了一个晚上，第二天清晨又将礼品原样奉还，并差人告诉郑芝龙，此礼品只可欣赏，不可收下。郑芝龙深为施邦曜的为人所叹服。由于郑芝龙行贿失败，其他本想以送礼来拉拢施邦曜的人也都不再敢这样做了。

施邦曜喜山乐水，在担任四川按察使时，有人劝他可趁此机会去游览峨眉山。虽然施邦曜对峨眉山早已心驰神往，但他经过考虑后却说："做官的如果出外游览，就会动烦属吏，许多下属就会趁机前来奉迎支应，且动用百姓不少财力物力，暂时还是不去游赏的好。待日后退居在家时再来不迟，到那时自由自在地游玩观赏，何等的悠哉乐哉！"由此可见他是多么的洁己爱民。由于民安政清，政绩显著，施邦曜很快就升任左布政使。不久又召还京职，担任通政司使。

通政司使位居正三品，明代时职权较重，执掌内外章疏敷奏，所以四方臣民谏言陈情、申诉怨滞、状告不法，及军情灾异、录其事分送有司办理，或直接奏闻皇帝。甚至对圣旨亦有封驳之权，发现有不适宜的圣旨，写上自己对圣旨的看法后，可以退还皇帝。还可以参与朝议大政、审理重大冤狱及会集文武大臣，提供意见。

在施邦曜被召进京正要离开福建时，有人给他送来一幅朱墨竹图。送者说："现在你调离福建，我们不再是上下级关系，仅以此画作为敬仰你的人品，就请你收下权且做个纪念，总可以吧。"

当时周围的人都劝施邦曜收下这张图。施邦曜说："不可！尽管今天他送我这幅图，并无求我之意。但我任职京畿，如果今天收下这幅图，即是向他宣示了可欲之门矣。将来万一他进京有求于我，我怎么应付？君子应该惩忿食欲，断不可存有物欲之心啊。"

崇祯十五年（1642年），文章风节高天下的黄道周因刚直敢谏、触犯了帝意而被迁戍广西。国子生涂仲吉上书替黄道周辩冤，疏状上传需经过通政司使。

施邦曜知此案为皇上钦定，要是把这封指责皇上的奏疏直接送给皇帝，不但不能救黄道周，反而对上疏人十分不利。而奏疏中的议论又确实写得很好，正好将此奏疏封存，以流传后世，激励后人。于是未予封进，却在疏后批语："疏不必上，论不可不存。"

涂仲吉不理解施邦曜的好心，反而上书弹劾施邦曜阻碍言路。施邦曜只得将原疏呈送给崇祯帝。崇祯帝见疏及疏后批语，大怒，立即对涂仲吉施以杖刑，下狱，施邦曜也被削去官籍。施邦曜归家后，并不为削籍而怨恨，只是日日与姚江书院学人研习阳明学说，切磋学问。

崇祯十六年（1643年）十二月，施邦曜重被起用，任左副都御使。第二年三月，李自成起义军进逼京城，施邦曜敦促兵部尚书张缙彦固守，飞檄各地勤王。张缙彦行动迟缓，没能及时设兵防范，因此被施邦曜在朝廷之上大声叱骂，朝野为之震惊。

三月十九日，李自成攻占北京，崇祯帝吊死煤山（今景山）。当时，施邦曜被临时分派镇守东长安门，他见事已至此，认为"惭无半策匡时难，唯有孤忠报国恩"，即解带上吊自杀，仆人见状急忙解救。施邦曜苏醒后，怨恨地说："尔等误我！"即命仆人买来砒霜，和酒吞服而亡，时年60岁。

◎故事感悟

朝代更迭，历史演进，沧海横流，发展至今。虽然时代已不同于施邦曜所在的封建社会，但反对贪污腐败、促进官吏清正廉洁依然是我们不能回避、亟待解决的重大问题。在新的形势下，我们应以古代清官廉吏为鉴，勤廉从政。

◎**史海撷英**

施邦曜忠厚

有个叫鲁时生的人，是老家与施邦曜同年生的人，做庶吉士，死在京城。施邦曜亲手为他入殓，把女儿嫁给他儿子为妻。

施邦曜曾经买过一个使女，让她洒扫庭院。这个女子扫到了院子的东面墙角，拿着笤帚凝视着哭泣。施邦曜感到奇怪而问她，她说："这是我先人御史的宅院，当时曾在这里掉过耳环，不觉就感到伤心。"

施邦曜就拿出女儿出嫁的钱，选了个读书人把她嫁出去。施邦曜忠厚到了这个地步，实在值得人敬佩。

◎**文苑拾萃**

咏廉政

（现代）张本诚

贪官沈浮怎能忘，反面教员罪恶彰。

迷恋色财法难忍，舔沾贿赂锁银铛。

一身正气豪情壮，两袖清风意志昂。

秉公勤政讲奉献，为国报效美名扬。

ZHONGHUACHUANTONGMEIDEBAIZIJING
中华传统美德百字经

洁·洁身自好

第三篇

出淤泥而不染

太子忽辞婚

◎立身苦被浮名累，涉世无如本色难。——格言

郑庄公（公元前757—前701年），名寤生，春秋时代郑国君主。郑庄公继承了其父郑武公出任周平王的卿士，后来周平王宠信虢公，郑庄公与周朝关系开始转坏。郑庄公在位期间，郑国国势强盛，并曾发生多次战事，包括由庄公之弟共叔段发动的叛乱，并吞戴国以及击败周桓王率领陈、蔡、虢等联军的繻葛之战。特别是后者，确立了郑国的"小霸"局面，证实了东周权威的衰弱。

杜甫有两句诗："门阑多喜色，女婿近乘龙。"把女婿称做乘龙，对女婿来说不是光彩的事，它意味着无能或低能的男人，要靠妻家抬高自己。两千多年以前，郑国的太子忽却不是如此。

公元前706年，北边的戎人攻打齐国，齐国派人到郑国求援。郑国郑庄公的儿子太子忽率军救援齐国。太子忽来到齐地，把北戎军队打得大败，俘虏了两个戎军主帅，并杀死戎军兵士三百多人。齐国君很感谢郑国的支援。

在鲁桓公向齐国求婚前，齐侯想把文姜嫁给太子忽，太子忽婉言谢绝了。有人问太子忽："齐国是大国，文姜又是美女，您为什么要推辞？"

太子忽说："婚姻乃人生的大事，其关键之处在于配偶要适合自己。正因齐国强，姜氏美，我才推辞。如果我接受，让人家说我不是求妻子，而是想通过妻子来保护自己。人们常说：'依靠自己，福德无限。'我立身靠我自己，靠大国干什么？"

太子忽打败了戎军后，解除了齐国的危难，齐侯又想把别的女子嫁给他，

可太子忽又一次推辞了。

别人问他为什么，太子忽说："想当初我并未对齐国做什么事，尚且不敢娶其国女为妻。现在，我只是受了我国国君的命令，率军解救了齐国的危难。如果我因此娶了齐女为妻，这势必会给人一个印象，认为我是借战争之机而娶妻。我回去以后，百姓们将会怎么评价我呢？"

◎故事感悟

太子忽不愿借大国以立威，不愿把婚姻看成是对自己军功的赏赐，真可谓是深通立身之道的明智之人。

◎史海撷英

郑庄公善外交

郑庄公一生当中遇到的重大事件，就是郑、宋两国的争端。

当时，郑国东邻宋国，北邻卫国。郑与这两个国家都有矛盾，随时有遭到他们夹攻的危险。公元前719年，宋国纠集了包括卫、陈、蔡、燕、鲁在内的多国联军，先后两次围攻郑国，大有铲平郑国之势。

在这种情况下，郑庄公沉着冷静。他一方面在军事上加强防御，另一方面在外交上与列国加强往来，改进关系，联合一切可以利用的政治力量。

当时，诸侯中强国是齐国，郑庄公密切注意与齐的关系，以便借齐国势力来牵制宋人。此外，他与周交恶也很注意策略。虽然大败王师，而又夜使祭仲劳王；既恨周王弃己，又用周王的权威来打击宿敌。

公元前713年，郑庄公借声讨宋殇公不朝周天子的罪名，联合齐、鲁两国，以天子之命讨伐宋国。齐、鲁军队在菅（今山东武城县东南）打败了宋军，郑军先攻占宋国郜（今山东武城县东）、防（今山东金乡县西），后又打败宋、蔡、卫三国联军，最终征服了宋国。

◎文苑拾萃

郑庄公寤生

佚名

战场在东周，诸侯势胜王。

平王质太子，畏惧郑公庄。

太子狐留郑，忽儿驻洛阳。

忽康回郑国，太子病归亡。

父死子桓王，猜疑郑寤防。

夺其卿士位，竖子怎猖狂。

动武欲征周，终究不敢尝。

何能消怒气？抢麦救灾荒。

欲惩宋无名，旌旗不敢扬。

还需假帝义，恬面见周王。

帝恼但讥问，今秋复饿肠？

成周温邑米，再可煮来香！

叔向不睬宠臣

◎逃名，固然也不能说是豁达，但是去就，有爱憎，究竟总不失为洁身自好之士。——《且介亭杂文二集·逃名》

叔向（生卒年不详），姬姓，羊舌氏，名肸，字叔向，又字叔誉。因被封于杨（今山西洪洞县），以邑为氏，别为杨氏，又称叔肸、杨肸。他出身于晋国公族，历事晋悼公、晋平公、晋昭公三世，为晋平公傅、上大夫，是春秋时期晋国的政治家、外交家。叔向和晏婴、子产是同时代的人，他不曾担任执晋国国政的六卿，但以正直和才识著称于世。公元前546年，叔向代表晋国与楚国达成了弭兵会盟，缓和了当时的形势。

春秋时，晋国的叔向在朋友的帮助面前就能分出真假虚实。公元前552年，晋国公卿内部由于栾祁作祟，发生了一起不大不小的乱子。

晋国的大夫栾桓子曾迫使范鞅一度逃离晋国。后来，范鞅回国，深恨栾氏。栾桓子娶了范宣子的女儿栾祁为妻，生了栾盈。

栾桓子死后，栾祁和栾氏家臣州宾私通，整个栾氏家产几乎都为州宾所占有。栾盈对此事很不满。栾祁害怕栾盈干涉，便抢先到范宣子面前说栾盈的坏话。她说："栾盈对范氏始终不满，他一直以为他父亲栾桓子的死是范氏毒害所致，所以一直图谋叛乱。栾盈虽然是我儿子，但我怕他伤害您，不敢不告诉您这件事。"

栾盈为人大方，喜好施舍，很多士人都归附于他。范宣子本来对栾盈就很不放心，又听栾祁这么一说，更加信以为真。于是，他找了个借口欲治栾盈之罪，逼得栾盈逃亡到楚国。接着，范宣子又将栾盈的亲族好友杀了一批，关押一批。

晋国大夫叔向也被认为是栾盈一党而被关押，后来虽被释放，却被软禁在家。有人对叔向说："您无缘无故获得罪过，又不能为自己洗清，这能算聪明吗？"

叔向说："我这又算得了什么呢？还有人被杀，被迫逃亡呢！比起他们，我今天仍是优哉游哉地过日子，这不是很聪明吗？"

叔向这样说是因为他坚信总有一天，自己的冤屈会得到申明。果然，不久以后，晋王的宠臣乐王鲋便前来求见叔向，他对叔向说："您无故获罪，真是太冤了。我要向国君为您申冤。"

叔向听了，只微微一笑，并未理睬他。

乐王鲋自觉没趣，只好悻悻而去。叔向见他走了，连送也不送。

叔向手下的人见此，纷纷责备叔向对乐王鲋太不礼貌了。叔向说："乐王鲋对这件事能起什么作用呢？这件事的解决，只有靠祁奚祁大夫才行。"

手下的人不解，问："乐王鲋是国君的宠臣，他所说的话，国君没有不照办的。他想请求国君赦免您，您又不答应。而祁大夫已经告老退休，指望不上，您却一定要依靠他，这是为什么？"

叔向说："乐王鲋之所以得国君的宠爱，是因为他一切都顺从国君的意愿，他怎能为我辩解呢？而祁大夫就不同了。想当初，国君让他举荐人才，他就推举一贯与他作对的人，还推举他自己的亲人，被人誉为荐贤不避仇、举才不避亲的正直的人。因此，为我辩解，只有靠他了。"

果然，几天以后，晋悼公向乐王鲋询问叔向的罪过，乐王鲋便顺着晋君的意愿说："他的哥哥羊舌虎与栾盈一党，他也可能参与策划叛乱。"

这时，祁奚已经告老在家闲居了，但当他听到叔向受牵连一事，立刻坐着车子去拜见范宣子。他对范宣子说："书上曾说：智慧之人有谋略，善训诲，这样的人应当相信他、保护他。叔向为国谋划而少有过错，教育别人而不知疲倦。这样的人是国家的栋梁，即使他的十代子孙有过错都要赦免，以此来勉励有能力的人，怎能让这样的人蒙冤致死呢？想当初，鲧被诛戮而他的儿子禹却继承王位；伊尹流放太甲，太甲登王位并不怨恨他；管叔、蔡叔因谋反被杀而他们的兄弟周公却能辅佐成王。这样的事在古代很多,为什么叔向要因为哥哥羊舌虎而受牵连?"

祁奚的一番话说得范宣子心服口服,于是他们俩便同乘一辆车面见晋悼公,劝说他赦免叔向。

◎故事感悟

叔向可谓善于处世立身的明智之人。他蒙冤不丧志,受屈不沮丧,以良好的心态等待冤屈辨明的一天。他并未因饥乱觅食,因病乱求医,面对乐王鲋的虚情假意一笑了之。他坚信正直的祁奚,尽管他已退位闲居,仍派人求救于他。人之立身,是要靠朋友帮助的。但这朋友,不是虚情假意口蜜腹剑之人,真正的帮助来源于正直之人。

◎史海撷英

叔向贺贫

有一次,叔向去见韩宣子。韩宣子正在为贫困发愁呢,可叔向却向他表示祝贺。

韩宣子说:"我是空有晋卿的虚名,却没有它的财产,所以没有什么可以与卿大夫们交往的,我正在为这件事发愁呢,可你却祝贺我,这是为什么呢?"

叔向回答说:"从前栾武子没有百人的田产,他掌管祭祀,家里却连祭祀的器具都不齐全,可是他能够传播美德,遵循法制,名闻于诸侯各国。诸侯亲近他,戎狄归附他,因此使晋国安定下来;执行法度,没有弊病,因而避免了灾难。传到桓子时,他骄傲自大,奢侈无度,贪得无厌,犯法胡为,放利聚财,该当遭到祸难。但依赖他父亲栾武子的余德,才得以善终。传到怀子时,怀子改变他父亲桓子的行为,学习他祖父武子的德行,本来可以凭这一点免除灾难,可是受到他父亲桓子的罪孽的连累,因而逃亡到楚国。那个郤昭子,他的财产抵得上晋国公室财产的一半,他家里的佣人抵得上三军的一半,他依仗自己的财产和势力,在晋国过着极其奢侈的生活，最后他自身被陈尸在朝堂上，他的宗族也在绛邑被灭绝。如果不是这样的话，那八个姓郤的有五个做大夫，三个做卿，他们的权势够大的了，可是一旦被诛灭，没有一个人同情他们，只是因为没有德行的缘故！现在你有栾武子的清贫境况，我认为你能够继承他的德行，所以表示祝贺。如果不忧虑道德的不曾建树，却只为财产不足而发愁，要表示哀怜还来不及，哪里还能够祝贺呢？"

韩宣子于是下拜，并叩头说："我正在趋向灭亡的时候，全靠你拯救了我。不但我本人蒙受你的教诲，就是先祖桓叔以后的子孙，都会感激你的恩德。"

◎文苑拾萃

仰答韦司业垂访五首

（唐）萧颖士

一逢盛明代，应见通灵心。

晋代有儒臣，当年富词藻。

立言寄青史，将以赞王道。

辽落缅岁时，辛勤历江岛。

且言风波倦，探涉岂为宝。

不遇庾征西，云谁展怀抱。

士贫乏知己，安得成所好。

彭阳昔游说，愿谒南郢都。

王果尚未达，况从夷节谟。

岂知晋叔向，无罪婴囚拘。

临难侯解纷，独知祁大夫。

举雠且不弃，何必论亲疏。

夫子觉者也，其能遗我乎。

苏子冯卧冰

◎但教方寸无诸恶，狼虎丛中也立身。——冯道偶

> 楚庄王（?—前591年），又称荆庄王，出土的战国楚简文写作臧王，芈姓，熊氏，名旅（一作吕、侣）。郢都（江陵纪南城）人，楚穆王之子。春秋时期楚国最有成就的君主，春秋五霸之一。楚庄王自公元前613年至前591年，共在位23年，后世对其多给予较高评价。有关他的一些典故，如"一鸣惊人"等也成为固定的成语，对后世有深远的影响。

公元前552年夏天，楚国的令尹子庚死，楚王决定让苏子冯做令尹。

苏子冯听说后，便去找申叔豫商量。申叔豫说："不可受任。如今楚王的宠臣很多，专以陷害人为能事，而楚王年纪又轻，易受谗言蛊惑。在这种情况下你出任令尹，能把国家的事办好吗？"苏子冯听后很害怕，决定不接受任命，但又找不到正当理由，就采用装病的办法。

楚国的夏天酷热难耐，苏子冯命人挖了一个地下室，在阴凉的地下室里又放上冰，使地下室里冷冰冰、阴森森的。然后，在地下室里放上床，就睡在那里。他身上穿两层棉衣，外面又罩上皮袍，一天吃很少的东西，时间不长，就瘦得皮包骨了。

楚王听说苏子冯病了，便派医生为他诊治，医生看过之后，回来对楚王说："苏子冯身体瘦得不能再瘦了，但血气正常，没有生命危险。"

楚庄王听了，便改变了主意，让子南做了令尹。

◎故事感悟

朝中宠臣当道，惑乱视听，楚王胸无主见，妄信宠臣之言。在这种情况下，苏子冯既无力改变现状，又不甘同流合污，除了明哲保身，他还能有什么办法呢？

◎史海撷英

楚王问鼎

晋楚城濮之战后，楚国将自己扩展的方向转到东面。公元前613年，楚庄王即位后，楚国更加强盛。

公元前606年，楚庄王进攻陆浑（今河南嵩县北），一直打到洛水边，"观兵于周疆"，在周都洛阳陈兵示威。

周王派王孙满去慰劳，庄王竟问："鼎之大小轻重？"想要把鼎移到楚国来。

王孙满镇静地回答说："统治天下重在德，而不在鼎。"

楚庄王傲然地对王孙满说："你别阻止铸鼎一事，我们楚国只要把折断的钩（一种铜兵器）尖收集起来，就足够铸造九鼎了。"

楚庄王霸道十足，大有将周取而代之的气势。然而周王的使者王孙满态度也十分强硬，楚庄王只好退出周疆。不过，楚国并未中止北上争霸的行为。

◎文苑拾萃

题楚庄王庙

（元）孔克学

寝殿萧条枕路岐，丹青剥落野风吹。
夜来庭树鸣高鸟，犹忆当年下令时。

王蠋舍生取义

◎夫乾坤覆载，以人为贵；立身处世，以礼仪为
本。——晋·无名氏《沙弥十戒法并威仪序》

> 王蠋（？—前284年），战国时齐国画邑（今临淄区高阳乡）人，齐国退隐大夫。燕将乐毅攻破临淄，齐愍王逃奔莒州。乐毅敬慕王蠋，使人重金礼请他，并封他万户地方。王蠋说："与其屈从敌人，不如以死激励国人。"遂自缢死。众士民大夫无不感动奋起，共奔莒州，寻访愍王，图谋复国。

燕昭王二十八年（公元前284年），燕国乐毅为上将军，率领燕、秦、韩、魏、赵五国之兵伐齐，一路势如破竹，攻取齐国七十余城。乐毅身先士卒，统率燕军在前面冲锋陷阵，一直打到齐国的都城临淄（今山东淄博市南）。乐毅乘胜攻入临淄，将齐国的财宝祭器运往燕国。燕昭王闻之大喜，亲至济水犒军，将昌国城（今山东淄博市东北）封给乐毅，号昌国君。

时齐滑王逃至莒城（今山东莒县），遣使向楚国求救。楚顷襄王派大将淖齿率军20万救齐。淖齿见燕军强盛，暗中与乐毅相约攻齐。淖齿佯请齐滑王来营阅兵，乘机捉住齐滑王，将其吊在庙堂的横梁上，抽其筋，齐滑王很快致死。太子田法章落荒而走。后莒城王孙贾率城中百姓将淖齿杀死，楚兵遂散，有的返楚，有的降燕。

乐毅率兵打到画邑（今山东淄博市东北），听说画邑是齐国高士王蠋的故乡，便打算借助王蠋的名声来收买齐国的民心。王蠋曾是齐滑王手下的一名老臣，官为太傅，曾为谏齐滑王不要骄横残暴，险些被齐滑王斩首。王蠋便

辞官归隐。

燕军初抵画邑，乐毅严令军队道："画邑周围30里内不许进入，违令者格杀勿论！"以此显示对王蠋的敬重。

不久，乐毅派人携带重礼，去见王蠋道："齐国有很多人赞慕您的正义品德，上将军乐毅欲拜您为将军，赐您万户领地。"王蠋固辞不受。

燕军使者见收买不行，便逼迫王蠋降燕，对王蠋道："您如果不听从上将军乐毅之命，燕军将要血洗画邑。"

王蠋厉声答道："忠臣不事二君，贞女不更二夫。齐王不能纳谏，我才隐居耕田。如今燕军破齐，我无力复国，已觉无颜去见齐人，你们又以武力胁迫于我，令我作为你们的将军，实是助桀作虐。与其生而无义，倒不如将我煮死为好。"遂乘燕使不备，自缢于树上，奋力挣扎，扭断脖子而死。燕使见状，只得空手回去复命。

逃亡在外的齐国大夫们闻听此事，感慨万分，相互传颂道："王蠋乃村野平民，尚且不肯向燕军屈节称臣，更何况我们这些在朝为官，享受朝廷俸禄的人呢！"

于是，他们相互串联，聚合起来，奔赴莒城，找到太子田法章，拥立他为齐襄王，号召齐国军民抵抗燕军。后燕昭王死，燕惠王即位，中齐将军田单反间计，派燕将骑劫取代乐毅，乐毅畏祸奔赵，田单终以火牛阵智破燕军，恢复齐国七十余城。

王蠋于齐国存亡之际，拒绝燕使的收买与要挟，挺身而出，以死侍君，号召齐国军民奋起抵抗燕军，在当时的确难得。时齐国城邑只有二城未陷，齐滑王被吊死，太子流亡，臣民散落，哀鸿遍野。王蠋之举，于死水中重新掀起波澜，激励起齐国军民抗燕复齐之心，难怪齐大夫闻其"忠臣不事二君"之语，亦感叹万分。

王蠋为官时，能直言谏君，辞官退耕于野，独善其身；国既破亡，又义不降燕，以身殉国。立身处世，忠义耿介，为旧时君臣所垂青，故史载其名，流传至今。

◎故事感悟

　　信仰是一个人在社会上能够立足的基本点，随便改变信仰，就是变节。所谓"士可杀，不可辱"，"古今皆有死，人无信不立"，这种维护信仰的行为，可以产生出巨大的力量。王蠋作为一个旧时代的士人，面对社会上的各种压力，唯一可以依靠的就是他的思想，即所谓"道"。道只能依靠士人的个人人格来体现，所谓"贫贱不能移，富贵不能淫，威武不能屈"，就是说信仰的力量要到关键时候才会体现。

◎文苑拾萃

别云间

（明）夏完淳

三年羁旅客，今日又南冠。
无限山河泪，谁言天地宽！
已知泉路近，欲别故乡难。
毅魄归来日，灵旗空际看。

陈平违令

◎众恶之，必察焉；众好之，必察焉。——孔子

> 陈平（？—前178年），西汉阳武户牖乡（今河南原阳）人，以谋略见长。楚汉相争时，陈平初在项羽手下做谋士。早期曾被项羽重用，后因得罪亚父范增，逃归汉王刘邦帐下，曾多次出计策助刘邦。西汉建立后，任右丞相，后迁左丞相，曾先后受封户牖侯、曲逆侯（今河北顺平东），死后谥献侯。"反间计"、"离间计"，均出自其手。

在封建统治者手下做事，仅仅有忠心与小心是不够的，因为统治者内部会出现争权夺利的种种矛盾，无论站在哪一方，都会有"站错队"的危险。因此还必须细心，观察形势变化，选择最适当的处理方式。

汉十二年（公元前195年）三月，刘邦因征英布时被流矢所伤，病情严重。这时，有一个与樊哙不和的侍臣见机向刘邦谗言道："樊哙为皇后妹夫，与吕氏结为死党，闻他暗地设谋，待陛下万岁之后，引兵入都，尽诛戚夫人、赵王如意等人，不可不防！"

刘邦本忧虑日后戚氏母子的安危，闻言大怒，不管真伪，立即召陈平、周勃于榻前，说道："樊哙党同吕后，盼我速死。今命你二人，持诏前往燕地，速斩哙首，不得有误！"又叮嘱周勃道："樊哙被斩后，你可代哙为将，讨伐叛王卢绾。"

二人闻令大惊，见刘邦盛怒，且重病在身，也不敢问明原因，只得奉命退出，整装北行。

在路上，二人私语道："樊哙本是陛下故人，积功甚多，又是吕后妹夫，事关皇亲贵戚。主上不知听了何人谗言，盛怒之下，欲斩樊哙，难免事毕后悔。我们最好权宜行事，将樊哙擒住后押往京师，请主上亲自发落。"二人议好后，星夜赶往燕。

数日后，二人已入燕境，行至距樊哙军营几里处停下，筑好坛，派人持诏往召樊哙。此时，樊哙正欲发兵追赶卢绾，闻汉使来召，只得随使来到坛前，跪地听诏。

陈平登坛宣敕，才读到一半，突有武士数人，从坛下窜出，乘樊哙不备，将其擒获。樊哙正要挣扎，陈平忙从坛上走下，向樊哙低言数语，樊哙方服绑。二人见目的达到，周勃自去统军；陈平押解樊哙，缓缓而行赶往长安。

这一日，正行间，忽然听到刘邦驾崩的消息。陈平怕吕后、吕媭迁怒自己，令车马慢慢行进，自己打马先行，匆匆入都，直奔宫中，在刘邦灵前跪下，边拜边哭。

吕后见陈平已回，忙问樊哙情况。陈平道："臣奉命往斩樊哙，因念哙有大功，不敢加刑，现已押解来京，听候发落。"吕后听后，方转忧为喜，令陈平下去休息。陈平因怕有谗得逞，固请留在宫中，充当戍卫。吕后见陈平办事有心，当即拜其为郎中令，叫他傅相嗣君。至此，陈平才放下心来，起身谢恩，告辞而出。

◎故事感悟

数日之后，樊哙到都，吕后诏令，赦其无罪，复其爵邑。刘邦病重期间，听信谗言，欲斩樊哙。陈平奉命，心知事关重大，一有不慎，不仅自己性命难保，恐还累及三族。所以在行事过程中，陈平有意违诏，将樊哙押解来京，听候发落。如刘邦仍在，杀、赦皆出自帝令；如刘邦驾崩，也可向吕后交代。事实证明，陈平确实计高一筹。不仅保护了自己，还得拜郎中令，傅相嗣君。

◎史海撷英

陈平献策擒韩信

公元前202年2月，刘邦登上皇帝宝座，史称汉高祖，封韩信为楚王。但不久却有人上书说楚王韩信谋反。刘邦向诸将征询对此事的意见，大家都说："赶紧发兵，活埋这个忘恩负义的小子！"

刘邦知道，这些并不是什么好主意，所以就没吭声。这时的张良已经借口有病而功成身退了，只有陈平仍然在刘邦身边，为他出谋划策。

于是，刘邦便向陈平请教，陈平说："从前，天子经常在全国各地巡行，会见各地诸侯。在南方，有一个名叫云梦泽的地方。陛下可以佯装去那里游玩，要在陈州会见各路诸侯。陈州在楚地西界，韩信听到天子出游到自己的地盘上，自然会来谒见。那时陛下便可以把他抓起来。这样，您根本不用派兵，只需一个武士就足够了。"

刘邦依照陈平的计策行事，韩信果然在路中央迎候。于是，刘邦立刻命武士将韩信捆了起来，投入囚车中。

后来，刘邦把韩信贬为淮阴侯，留在京城，不让他再到外地任职，韩信再也没有了用武之地了。陈平的这一计谋，很轻松地避免了一场战争，为国家消除了再度分裂割据的祸根，为新王朝的统一与安定作出了一大贡献。

◎文苑拾萃

杂咏一百首·陈平

（宋）刘克庄

巧言愚冒顿，厚赂饵阏氏。

秘计言之丑，刚云世莫知。

严光拒召

◎君子不尽人之欢，不竭人之忠，以全交也。——《礼记·曲礼》

严光（生卒年不详），东汉时人，著名隐士。

中国士人早在春秋时期就总结在统治者手下做事的经验了。如商纣王胡作非为时，有微子溜走，比干强诛，箕子装傻，这都是很危险、很痛苦的事。能不能有更好的活法呢？

严光是东汉有名的隐士。他从小就有高名，与光武帝刘秀一同游学。

刘秀当皇帝以后，严光更名改姓，隐居起来。刘秀一心想找到他，派人四处寻访。后来在山东找到他，便派人用安车厚礼前去请他。一连请了三次，严光无奈，只得随使前往。

进京之后，光武帝刘秀派人给他安排住处，送去床褥，又派太官早晚给他送饭。严光虽人在京城，但心向隐居。刘秀亲驾前来，严光卧床不起。刘秀走到他的床边，拍着他的肚子说："子陵啊，你难道不帮助我治理国家么？"

严光闭着眼睛不答，过了半天，才慢慢睁开眼睛，对刘秀说："想当初，唐尧治理天下，成为著名帝王，而巢父淡于名利，成为著名隐士。士人有其志向，为什么要以势相逼呢？"刘秀无法，只得叹息而去。

司徒侯霸与严光也有旧交，他听说严光到来，便派西曹属侯子道致书相请。严光见侯子道进来，并不起身，坐在床上将书信看完，对侯子道说："君房（侯霸字）一向痴呆，如今已成朝廷三公之一，痴呆的毛病好点没有？"

侯子道说:"我家大人已为国家鼎足之臣,并不痴呆。"

严光问:"君房让你来说什么?"

侯子道说:"让我来请您。"

严光说:"你说他不痴,这不是痴言妄语么?天子征我三次我才来。人主我都不见,难道我还见人臣么?"

◎故事感悟

严光以清高立身,他立志远离政治争斗、官场倾轧、卑鄙小人、佞奸险恶,以躬耕自慰,以垂钓度时,从而保持心态的轻松,这实在是立身的大智。他拒绝诏聘,语言犀利,无拘无束,嬉笑讥讽,痛快淋漓。严光这位智者,看透了统治者的虚伪残暴,坚持不为统治者所用,这当然是最好的全身之策。不过做隐士要心甘情愿面对寂寞,要以清贫为乐,这又是士人怕做的事。

◎史海撷英

刘秀释放奴婢、刑徒

西汉后期,沦为奴婢、刑徒的农民日渐增多,这也成为西汉末年阶级矛盾逐渐尖锐的一个重要问题。

王莽执政末年,不少奴婢、刑徒都参加了起义,在一些割据势力的军队中也有不少的奴婢、刑徒。光武帝刘秀为了重建刘汉封建政权,安定社会秩序,缓和阶级矛盾,壮大自己的力量,曾经多次下诏释放奴婢,并规定:凡是虐待杀伤奴婢者,皆以罪论处。

刘秀的诏令还奴婢为庶人的主要对象是:王莽代汉期间被非法没收为奴的吏民,或因贫困被卖为奴婢的嫁妻卖子;在王莽末年吏民因饥荒或战乱被卖为奴婢的;在战乱中被掠为人下妻的。

此外,诏令还规定:不许随便杀伤奴婢和废除"奴婢射伤人弃市律",表明奴婢的身份地位较之过去有所提高。

同时，刘秀在省减刑罚的诏令中，还多次宣布释放有罪的刑徒，也就是所谓的"见徒免为庶民"。

◎文苑拾萃

严光刘秀共卧一榻

严光少年时期就很有名气，与东汉光武帝刘秀是同学，还是很好的朋友。后来，严光积极地帮助刘秀起兵。

公元25年，刘秀即位称帝后，多次请严光出来辅佐他，可是严光却始终隐姓埋名，退居富春山，不肯出来。最终在八十岁时去世，葬于富春山。因此，后世人也称富春山为"严陵山"，又称其富春江垂钓处为"严陵濑"，其垂钓蹲坐之石为"严子陵钓台"。

据说，汉光武帝曾经召见严光到宫中商议国家大事，晚上两人并睡在同一床上。严光在睡觉时，故意把脚放在刘秀腹部，刘秀也不介意。

第二天，太史官对刘秀说："昨夜客星犯帝座甚急。"

但刘秀一笑，说："朕与故人严子陵共卧尔。"

法真隐逸

◎知者乐水，仁者乐山。知者动，仁者静。知者乐，
仁者寿。——孔子

法真（92—181年），字高卿，号玄德先生，扶风郡郿县（今陕西眉县）人，是东汉末年南郡太守法雄之子，也是三国时代蜀汉集团谋士法正的祖父。

法真年少时期便聪颖好学，遍览百家，精通各家学问，后来成为当地有名的大儒。他的父亲法雄原来曾当过南郡太守。

法真虽然出身官宦之家，可性情却恬静寡欲，不屑介入政事。扶风郡太守听说后，就邀请他见面。法真应邀前往。

太守问法真说："春秋时期，鲁哀公尽管不是贤君，但孔仲尼却愿意向他称臣。而现在，我德薄名虚，但想委屈你任郡功曹，如何？"

法真回答说："我所以来见您，是因为您待人有礼。而如果您想让我做官吏，我还是宁愿躲到北山之北、南山之南了。"

太守听法真这样说，也就不敢再提了。

后来，朝廷又举荐法真为贤良，法真也没有答应。同郡人田弱也多次举荐他。一次，汉顺帝西巡，田弱又趁机向顺帝推荐。顺帝先后四次征召他，法真非但一次也没有答应，反而隐居了起来，再也没有露面。

法真的一个朋友称赞他说："法真这个人，只可闻其大名，不可见其真人。他不想出名，但名声却总伴随着他，他逃避功名但功名却老追着他跑。真可以当百世之师了。"

法真生活在东汉后期，朝廷内宦官外戚之争，党人之禁不断，可谓是昨为人上人，今为阶下囚。丢官、坐牢、禁锢、杀身，这样的悲剧时常上演。但法真却远离了这些政治纷争，视功名利禄为粪土。

在东汉后期险恶的政治环境里，法真能以89岁高龄善终，不能不归功于他隐逸立身的缘故。但他这样只求独善其身，不求达济天下的表现也无法使他实现伟大的人生价值。他所拥有的功名才是真正无所作为的虚名。

◎故事感悟

法真之所以能在官场倾轧的东汉时期独善其身，与他博览群书、留意时局有密切关系。他读书并非为了做官，而是以促进个人修养为目的，这也是他能够拒绝入仕的动力。只是法真如此高深的学识，只为保证自己的善终，又显得可惜。隐逸体现了个人的清醒头脑，却不能说明应变的能力。

◎史海撷英

宦官乱政

东汉时期的汉顺帝是个性格温和软弱的人。由于他的皇位是靠宦官得来的，所以就将朝廷的大权都交给了宦官。后来，宦官与外戚梁氏相互勾结，致使出现了长达二十多年的梁氏专权。结果在宦官、外戚互相勾结、弄权专横的统治下，汉朝政治更加腐败，阶级矛盾日益突出，百姓怨声载道，简直是民不聊生。

建康元年（144年），汉顺帝去世，年仅30岁，在位19年。

阮籍醉酒不仕

◎语言切勿刺人骨髓，戏谑切勿中人心病。——陆陇其

阮籍（210—263年），字嗣宗，陈留尉氏（今河南开封）人。三国时期魏的诗人，"竹林七贤"之一。曾任步兵校尉，人称阮步兵。与嵇康并称嵇阮。

饮酒在中国文化传统中占有重要位置，因为在中国人看来，人与人关系如何，常以是否在一起吃过饭、一块儿喝过酒作为标志。通过醉酒，人进入直率任性的状态，不必掩饰自己的内心，这样醉酒之人做错了事，也容易让人原谅。在残酷的政治争斗中，也会有人在醉酒上做文章，并能取得意想不到的效果。西晋时的阮籍，就是这样一位成功者。

魏晋之间，曹魏集团和司马氏集团为争夺统治权斗争激烈，社会动乱，许多知识分子因此而成为曹魏集团和司马氏集团斗争的牺牲品，凡知名人士很少有好结果的。

阮籍的父亲阮瑀是曹操的僚属，著名的"建安七子"之一。司马氏为了篡夺曹魏政权，对曹魏集团里的人残酷打击，大行杀戮，毫不留情。

自正始十年（249年）司马懿策划政变，诛灭曹爽三族起，到景元三年（262年），司马昭诛杀思想异己分子嵇康、吕安等人，短短的十几年中，司马氏集团血腥镇压了政敌一方的几十个家族及其亲党，还有一大批无辜的知识分子。

由于家庭出身，阮籍自然受到社会的注意。尽管他志气宏达豪放，性格

傲岸孤高，从小就有匡时济世的抱负，但在当时人人惴惴不安的恐怖气氛下，他却只能佯为放荡不羁，喜怒不形于色，不干预世事，不臧否人物，忘情于山水之间。

早年他对世道失望，因此朝廷多次征聘，他都不肯出仕。曹爽专权时，阮籍曾被召为参军，但他以病推辞，隐居乡间。

一年多后，曹爽被诛，人们都佩服他的远见。后来司马氏掌权，士大夫如果不接受笼络，便有被害之虞，他这才应诏出仕，以避免当权者的加害。但他"居官无官之意"，做官近乎胡闹，一则当然是因为不愿为司马氏效力，二则也是为了让司马集团以为他只是徒有虚名而无实学的人，不被猜忌。

遇到政治难题，他常常用醉酒不醒来躲避是非。醉酒是他用来保护自己、不被人陷害的一种方法。

司马昭看到阮籍名声很大，极力要把他拉到自己的营垒，这对于打击、瓦解曹魏集团也会发生很大作用。于是就派人到阮籍那儿，为他的儿子司马炎提亲，要和阮籍结为儿女亲家。

阮籍听说后，十分惶恐。他不愿依附于司马集团，当然不想和司马氏联姻；但是若要一口拒绝婚事，就会性命难保。怎么办呢？他就拼命饮酒，喝得酩酊大醉，不省人事。等提亲的官员来到，只见他呼呼大睡，怎么推他、喊他，都醒不了。第二天再来，依然大醉不醒。

后来司马昭亲自来提亲，阮籍仍然大醉不醒。连连几十次，都是如此。弄得司马昭一直没有机会开口，又感到阮籍真是一个会误事的酒鬼，婚事只好作罢。

阮籍这次醉酒，整整醉了60天，终于避开了这个难题。钟会是个心怀不轨的人，老想陷害阮籍。他曾好几次去找阮籍，提出一些时事政治问题来问他。

阮籍看出他是想根据自己的回答或赞成、或反对，来罗织罪名，因此等他一来，就请他喝酒，自己也喝酒，边喝边聊。钟会一谈及时事政治，他便已醉醺醺的，迷迷糊糊了，似乎什么话都听不清楚，什么话也说不了了，搞得钟会对他一点儿办法都没有。尽管多次摆设圈套，却不能抓到一点儿把柄。

阮籍因此也避免了遭受陷害。

一次，阮籍听说步兵兵营的厨师善于酿酒，还存有三百斛酒，他就主动请求去做步兵校尉。其实，这也是为了逃避政治斗争，给人以贪杯的假象，掩盖自己的面目。他对事务都弃置不管，成天悠游玩乐。司马氏也就放心了，不再加害于他。

阮籍在残酷的政治斗争中，无力与恶势力抗衡，便采取用醉酒来保护自己的策略。他的好朋友嵇康则与他不同，公开发表离经叛道的言论，表示对黑暗统治和虚伪礼教的不满，结果没能逃脱钟会的陷害，终被司马昭所杀。

◎故事感悟

阮籍不肯依附司马氏集团，又无力与司马氏集团对抗，只好采取躲避的办法。他醉酒60天，无非告诉司马氏集团自己只是个酒鬼，并不值得重视，因此暂时避免了祸害。当人要靠醉酒来掩饰自己时，一定是到了形势紧迫的时候。不过作为一种应变之策，这种方法仍然有可取之处。

◎史海撷英

阮籍的诗歌成就

阮籍的主要作品为五言《咏怀诗》82首，代表了他的主要文学成就。此外，他还有四言《咏怀诗》，现存13首。这些诗的具体写作时间和写作背景已经难以考证了，通常被认为并非一时之作，而是他生活的不同时期的作品，总题为"咏怀"。

《咏怀诗》全部都是抒情述怀一类的作品。因阮籍所生活的时代，政治环境比较特殊，加上他的性格和处世态度也很独特，所以他的诗歌就极有个人特色。李善在《文选》注引说："嗣宗身仕乱朝，常恐罹谤遇祸，因兹发咏，故每有忧生之嗟。虽志在刺讥，而文多隐避，百代之下，难以情测。"

可见，阮籍的诗歌在内容上是以感叹身世为主，同时含有讥刺时事的成分，表现方式可谓曲折隐晦。

◎文苑拾萃

采薪者歌

（魏晋）阮籍

日没不周西，月出丹渊中。

阳精蔽不见，阴光代为雄。

亭亭在须臾，厌厌将复隆。

离合云雾兮，往来如飘风。

富贵俯仰间，贫贱何必终。

留侯起亡虏，威武赫荒夷。

邵平封东陵，一旦为布衣。

枝叶托根柢，死生同盛衰。

得志从命升，失势与时隤。

寒暑代征迈，变化更相推。

祸福无常主，何忧身无归。

推兹由斯理，负薪又何哀。

刘伶病酒欺妻

◎勿以恶小而为之，勿以善小而不为。——陈寿

刘伶（221—300年），字伯伦。西晋时期沛国（今安徽宿县）人，"竹林七贤"之一。曾为建威参军。晋武帝泰始初，对朝廷策问，强调无为而治，以无能罢免。平生嗜酒，曾作《酒德颂》，宣扬老庄思想和纵酒放纵之情趣，对传统"礼法"表示蔑视。

在封建专制政治极其险恶时，人的聪明往往成为自己的祸害，只有把聪明藏起来，才能活下去。在考虑如何掩饰自己的聪明时，人们不约而同想到了酒。

刘伶身材矮小，其貌不扬。他不随便和人交往，但要遇到阮籍、嵇康这些朋友，就会兴高采烈，携手同游竹林。他为人沉默少言，然而不拘行迹，性情旷达。

刘伶最喜欢喝酒，而不以家产有无为念。他常常坐着鹿车，随身带着一壶酒，让人扛着一把铲在后面跟着，嘱咐说："如果我喝酒死了，你就随地埋我。"其放浪形骸竟然到了这个地步。

刘伶纵酒无度，毫无拘束。有时在家里喝得高兴了，便脱去衣服，赤身裸体。正好有人进来，看见他光着身子，便讥笑他不成体统。他反而嘲弄别人道："天地是我的房屋，房屋是我的衣服裤子，你们这些人竟然钻到我的裤子里来了，干吗啊？"

有一次，刘伶因为酒喝得太多害了酒病，口渴得很厉害，便又向妻子要

酒喝。他妻子把酒倒掉，把酒器也全毁坏，哭着求他说："你喝酒喝得太多了，这不是养生之道啊，你还是把酒戒了吧！"

刘伶听后说："对啊！我应该戒酒！可是我自己戒不了酒，只有祷告鬼神立下誓言才能把酒戒掉。你赶快去准备酒肉吧，好让我向鬼神祷告！"

妻子听了刘伶的话，赶紧把酒肉备办好，让刘伶来发誓。刘伶跪下祷告说："天生刘伶，以酒为名。一饮一斛，五斗解酲（酲，指喝醉酒神志不清）。妇人之言，慎不可听。"

说完，他拿起肉来下酒，又喝了个酩酊大醉。

又有一次，刘伶喝醉了酒，得罪了一个壮汉。那汉子挽起袖子，就要抢胳膊揍他。刘伶见这架势，不紧不慢地对他说："你要打我，那还不容易吗？只是你看看这几根瘦瘦的鸡肋骨，还不足以放下你那尊贵的拳头啊！"

那汉子一听此话，再看看他的模样，禁不住被逗乐了，举起的拳头也就随着笑声放下了。

刘伶平时不大留意文章翰墨，只写过一篇《酒德颂》，歌颂酒的功德能使人"无思无虑，其乐陶陶"，"俯观万物，扰扰焉若江海之载浮萍"。

刘伶性情淡泊，曾经做过几天建威参军，就不再做官了，所以没有遭遇什么祸害，能享尽天年。

刘伶的嗜酒如命和狂放，是他在社会动乱时代保护自己的策略。一酒消百愁，其中有自我麻醉的因素，但也包含着对封建专制统治的反抗。虽然这种反抗是消极的、无力的，然而比起为虎作伥来，却要高尚得多。

残酷的现实使刘伶不能发挥自己的才华，而处处要小心被杀身的陷阱，因此他放纵立身，否则也会像当时许多正直的名人一样，在黑暗势力的摧残下，英年早夭。

◎故事感悟

刘伶醉酒与嗜酒，都是为了在统治者面前掩饰自己的聪明。他作为"竹林七贤"之一，不去说贤者的学识，只说酒，是最好的自我保护办法。在人把聪明视为危险的时候，只有以装傻求生。饮酒是装傻的方式，作贱自己也是这样一种方式。想要出淤泥而不染，总是要为自己寻找一条生存道路的。

◎史海撷英

刘伶与杜康

刘伶素以善饮著称。有一次，他来到了杜康酒家，只见门前挂着酒旗，门两旁的对联写的是：猛虎一杯山中醉，蛟龙两盅海底眠。横批是：不醉三年不要钱！刘伶带着疑惑，走进了杜康酒家。

杜康拿出酒来让刘伶喝，并嘱咐道："您喝我的酒，只能喝一盅，多了就会醉的；不醉则已，一醉三年！"

刘伶不以为然，开口就说："请您给我拿三杯酒来！"杜康无奈，只好把他要的酒都拿来让他喝。

刘伶不信，就连喝三盅，结果真的醉了。他摇摇晃晃地走到家，对妻子说："我喝了三杯杜康酒，马上会醉死！你替我弄些酒糟，准备放在坟内棺材的四周。还有，我平常喝酒的酒壶、酒盅等一些东西，都放在我躺的棺材里。"说完，刘伶就没气了。

于是，他的妻子就按照刘伶的话，把丈夫埋到祖坟上去了。

三年过去了，有一天，杜康来到刘伶家，对他的妻子恭恭敬敬地说："刘伶不是真的死了，而是醉了。今天正好是他酒醉三年的最后一天，他该醒酒了。您快领我到他的坟上去，把他扒出来。不然错过时间就麻烦了！"

刘伶妻子闻言，赶紧领着杜康来到刘伶的坟前，将坟墓挖开，然后打开棺材盖一瞧，刘伶躺在棺材里，面色红润仿佛在睡觉一样。

杜康用手轻拍他的肩膀，说："刘伶，你酒醉三年，该醒酒了。"

刘伶果然应声睁开了眼睛，伸伸胳膊，懒洋洋地坐了起来，说："我怎么感到这样疲乏？哦，想起来了！我喝了你杜康造的酒，真是又香又甜啊！杜康好酒！杜康好酒！"

◎文苑拾萃

酒德颂

（魏晋）刘伶

有大人先生者，以天地为一朝，万朝为须臾，日月为扃牖，八荒为庭衢。行无辙迹，居无室庐，幕天席地，纵意所如。

止则操卮执觚，动则挈榼提壶，唯酒是务，焉知其余？

有贵介公子，缙绅处士，闻吾风声，议其所以。乃奋袂攘襟，怒目切齿，陈说礼法，是非锋起。先生于是方捧罂承槽，衔杯漱醪。奋髯箕踞，枕麹藉糟，无思无虑，其乐陶陶。兀然而醉，豁尔而醒。静听不闻雷霆之声，熟视不睹泰山之形，不觉寒暑之切肌，利欲之感情。俯观万物，扰扰焉如江汉三载浮萍；二豪侍侧焉，如蜾蠃之与螟蛉。

北芒客舍诗

（魏晋）刘伶

泱漭望舒隐，黮黤玄夜阴。
寒鸡思天曙，拥翅吹长音。
蚑蚗归丰草，枯叶散萧林。
陈醴发悴颜，巴歈畅真心。
缊被终不晓，斯叹信难任。
何以除斯叹，付之与瑟琴。
长笛响中夕，闻此消胸襟。

周颉立世

◎与人共事，要学吃亏。俗云：终身让畔，不失一
段。——左宗棠

> 王导（276—339年），字茂弘，山东临沂人。东晋初年的权臣，历仕晋元帝、晋
> 明帝和晋成帝三代，是东晋政权的奠基者。

在处理复杂的人际关系时，个人的品德常常比权势更有感召力。尤其当残酷的政治斗争降临，这种品德可以起到意想不到的作用。

东晋元帝永昌元年（322年）正月十四，蓄谋造反已久的大将军王敦终于在武昌动员誓师，以讨伐晋元帝司马睿的亲信刘隗为名，发兵向京城建康（今江苏省南京市）进军。

为人耿介的大臣周颉，司马睿在江左建立东晋政权时他就被聘请为军咨祭酒，后又担任过宁远将军、荆州刺史、扬威将军、兖州刺史等职，太兴初年（318年）以吏部尚书拜太子少傅，转尚书左仆射。他忠于皇室，对王敦的反叛举动十分不满。

当时太子中庶子温峤曾问周颉说："大将军的这次行动，似乎是有所目标，只在清君侧，不会胡作非为，滥用职权吧？"

周颉回答说："你还年轻，不懂事啊！君王不可能都是尧、舜，哪能没有一点儿过失呢？但是作为臣子，怎么可以随随便便就用武力来要挟君王呢？大家共同拥戴皇上，还没有几年时间，现在就做出这种事来，难道可以说不是叛乱吗？王敦是个刚愎自用、残忍如狼的人，他眼里根本没有皇上，他的

野心哪有满足的时候？"

二月，晋元帝司马睿急召刘隗等人回军保卫京城。刘隗回到建康后，就主张把留在京城的王姓家族全部杀光。

王敦的堂弟王导这时担任司空，带着中领军王邃、侍中王侃、王彬等二十余人，大清早便到宫门外等候降罪。正好周颛要进宫和皇帝议事，王导就向他呼救，喊着他的表字："伯仁啊！我们全家老少一百多口人都拜托您救命了！"

周颛和王导的关系一直很好。王导很赏识周颛，有一次曾经枕在周颛的膝盖上指着他的大肚子问："你这里面塞了些什么东西啊？"

周颛开玩笑说："我这里面空无一物，但是足足容得下像你这样的人几百个，那是一点儿问题也没有的！"王导听了并不责怪他。周颛其实对王导也是很尊敬的。

又有一次，周颛到王导家里做客，傲然长啸吟咏，王导打趣说："看你的样子，是想当嵇康、阮籍那样的人物吧？"

周颛却认真地回答："我能够学做一个像你这样的人就已经很不错了，哪敢舍近求远，去学嵇康、阮籍那样的人呢？"

周颛此时正为王敦叛乱之事，义愤填膺，虽然他明知王导无罪，想要救他。但因以往二人十分亲密，不愿给人以因私交而影响公事的错觉，更不图日后王导报谢，因此听了王导的呼救声，竟然毫不理睬，看都不看王导一眼，昂头挺胸，径直进宫。

进宫见晋元帝后，周颛极言王导对朝廷忠心耿耿，请皇上不要株连于他们家。言辞恳切动人，营救王导甚为得力。晋元帝原本对王导和周颛的印象都很不错，听了周颛这一番话，便表示同意。

晋元帝与周颛谈得很投机，留他喝酒。周颛平生好酒，于是喝了个酩酊大醉，才告辞出宫。

这时王导还在宫门外等着。见到周颛出来，赶紧上去打听，再次请他救命。谁知周颛却不跟他讲话，转过脸对左右侍从说："今年内我一定要诛杀那些乱臣贼子，换取斗大的黄金官印挂在我的胳膊肘上！"

一路上，周颉忘不了王导求救的情景，回家之后都没顾上歇一会儿，就又马上写起奏章来，竭力说明王导无罪，希望皇帝开恩。

但是，王导并不知内情，以为周颉无义，对他非常怨恨。晋元帝决定不加罪于王导，还要重用他平定叛乱，于是便召见王导。王导见了皇帝就磕头说："乱臣贼子，什么时候都有，想不到却出在我们家！罪臣该死！"

司马睿急忙光着脚，下去拉他起来，说："不要说这样的话，我正要依靠你治理国家呢！"

三月初，皇帝任命王导为前锋大都督，下诏说："王导大义灭亲，把我过去当安东将军时用过的符节交给他。"

朝廷由刘隗、王导、周颉等人分兵几路，企图阻止王敦的进攻，但是均告失败。王敦很快占领了石头城（今江苏省南京市西北），下令士兵在京城建康大肆抢掠，政府官员逃散一空。

这时，司马睿派人对王敦说："如果阁下对国家还有情义，就请停止战争，天下还可以共同治理。如果不愿意这么做，我便回到我称帝以前的琅玡封国，让出贤才上进之路。"与之同时，他叫被王敦点名的刘隗等人赶快逃跑。

刘隗既已离开朝廷，王敦却仍不罢兵还镇。他倚仗自己兵力强盛，有恃无恐，拒绝觐见司马睿。晋元帝在这样的僵持中只得屈服，命中央的文武百官前往石头城晋见王敦。

周颉应命去见王敦。王敦见了他说："伯仁啊！你太对不起我了！"王敦的意思是，过去周颉曾被人击败，投奔过王敦，王敦收留了他，应该报恩，不应该率兵抵抗。

周颉听了，高声回答："是啊！我是对不起你！你驱动了大批战车，来进犯朝廷，我亲率六军，却不能抵挡你，使王师失败。所以，我太对不起你了！"

因为周颉为人正直，王敦以前一向对他很畏惧。每逢见到他，便觉得浑身热血往上涌，即使冬天也会汗流满面，两手不停地扇扇子。今天听了周颉这义正词严的话，竟答不上来了。不久，便有人向王敦建议把周颉、戴渊等人除掉。

王敦就去问他的堂弟王导，说："周颉和戴渊在南北两地享有很高的声望。如果请他们担任太尉、司徒、司空这一级的高位，应该是没有问题的吧？"王导听了，默不作声。

王敦接着问："如果不能担任三司一级的高位，那么应该担任尚书令、仆射一级的官位吧？"王导仍然不作声。王敦又问："如果都不能担任，那只有把他们杀掉了。"王导还是不作声。

于是王敦派人把周颉和戴渊拘捕，绑赴刑场。

周颉在途经太庙时，大声呼喊："天地啊！先帝啊！贼臣王敦颠覆社稷，枉杀忠臣，陵虐天下。如果神明有灵，赶快诛杀王敦吧！"

话未说完，押解他的人就用戟刺他的嘴巴，鲜血直流到脚下。然而，周颉颜色不变，神态自若，在场的人无不为之流泪。

后来，王导在中书省翻捡文件，发现周颉当初为了营救他写的奏章，言辞殷勤恳切，非常感人。他拿着奏章，涕泪交流，不胜悲痛，对儿子们说："我虽然没有杀伯仁，伯仁却是因我而死的！幽冥之中，我太对不起好朋友了！"

◎故事感悟

周颉在王敦发动叛乱时出力营救王敦的堂弟王导，却又不愿让王导知道，很大程度上是不愿让人知道自己与王导有私交。这也是在政治形势险恶时的自我保护办法。王敦占了上风时，他又坚持不与王敦同流合污，恪守士人的气节，并为此而送命。虽然可惜，但却为他赢得名声。在这样一种价值天平上，局外人是计算不了孰轻孰重的。

◎史海撷英

王导关心教育

王导在做官期间，十分关心教育事业。当时战争不断，学校破烂，王导曾上书晋元帝，提出"尊道而贵士"，"先教而后战"，"取才用士咸先本于学"，认为

"蒙以养正，少而教之，使化雨沾肌骨，习以成性"，就可以"迁善远罪，行成德立"，"事君则忠"，"泣下则仁"，主张"择朝之弟"入学，"选明傅修礼之士"为师，"经纶稽古，建明学业，以训后生"。

另外，王导还说"戎虏扇炽，国耻未雪，忠臣义夫所以扼腕拊心"，爱国之心仍然存在。但他认为，要像"有虞舞干戚而化三苗，鲁僖作泮官而服淮夷"一样，只要通过教育去感化人们，讲究礼仪揖让，就可以使入侵的少数民族"兽心革面，饕餮检情"。这一点建议，现在看来有点荒唐可笑了。

◎文苑拾萃

过清凉寺王导墓下

（唐）唐彦谦

江左风流廊庙人，荒坟抛与梵宫邻。
多年羊虎犹眠石，败壁貂蝉只贮尘。
万古云山同白骨，一庭花木自青春。
永思陵下犹凄切，废屋寒风吹野薪。

陶渊明出淤泥而不染

◎廉者，政之本也，民之惠也；贪者，政之腐也，民
之贼也。——《晏子春秋》

陶渊明（约365—427年），名潜，或名渊明。一说晋世名渊明，字元亮，入刘宋后改名潜。唐人避唐高祖讳，称陶深明或陶泉明。自号五柳先生，私谥靖节先生（陶征士诔）。浔阳柴桑（今在江西九江西南）人。晋代文学家、诗人，以清新自然的诗文著称于世。

陶渊明的曾祖父陶侃是东晋名将。虽然陶家出过大官，但到陶渊明时，家势早已衰败了。陶渊明的父亲在他8岁时就死了，只有孤儿寡母，生活十分艰难。陶渊明受外祖父孟嘉的影响，很小就有了儒学的扎实功底。

长大后，陶渊明当上了教师，江州（今江西九江）刺史王凝之非常欣赏他的文笔，便请他去做祭酒（学官名），也算是州里的高官，如果陶渊明专心钻营的话，前途十分宏伟。

不过，这个官也不好当，不但管的事多而杂，还有人开始送礼贿赂他。陶渊明是个洁身自好、不慕虚名的人，自然不肯接受。但整个衙门上上下下收礼之事早已习以为常，突然出来个这样的另类，大家反而很不高兴。慢慢地，他自己也感觉到不对劲，就打算辞去了。

在一个播种季节，照惯例，州里要派人下乡"劝农"（即监督地方播种插秧）。陶渊明决定由自己亲自带人下乡。因为这项工作非常辛苦，而且还没什么油水，大家也就很乐意他去。就这样，陶渊明下到了农村。

一天，陶渊明走在田埂上，看到一位须发斑白、皮肤黝黑的老农正在插秧，不禁看得出神。老农发觉有个官员在看他，就上来跟他谈话。

"老人家，这么大年纪还干活啊？"陶渊明关切地问。

"是啊，大人，多个人多个帮手，不然误了时节就难有好收成了。"

"是啊！"陶渊明感叹道，"家家户户男女老少要是都像您这样，收成能不好吗？"

"收成好又有什么用？"老农接过话说，"这些年，租税一年年加重，再好的收成，能吃进自己嘴的还是很少。如果赶上水旱兵祸，害得颗粒无收，那就只有去要饭的份儿了。"

陶渊明闻言沉默不语，心里很不是滋味。回到府衙，立即挥毫疾书，写了一首《劝农诗》。诗中，陶渊明强调了"民以食为天"的古理，告诫统治者不要不劳而获，对劳动人民表示了深切的同情。

老百姓的生活实在是太艰辛了，但刺史王凝之却在大兴土木，要在州里修建一座道观，挪用的款项是用来加固长江堤防的。陶渊明知道这个消息后，心急火燎，马上就去苦劝王凝之打消这个念头。无奈王凝之不加理睬。陶渊明觉得继续待在府内就是一种痛苦，因此辞职不干，回家去了。

回到家后，当地官员听说陶渊明是名人后代，又很有文才，便把他举荐给刺史刘裕，在其手下做个参军。但后来陶渊明又主动要求去做地方官，因此上司便把他派到了彭泽当县令。

彭泽本是个小县城，久经战乱后，人口更加稀少，几乎没有了吏治。陶渊明到任后，立即主持编制户籍、督田劝农等事宜，过了不久，就把各方面的事情都张罗了起来，彭泽的经济也得到了初步的复苏，百姓生活日益好转。

陶渊明忙活了八十多天后，一日早上，他来到县衙，忽然看到主簿、县尉和户曹、兵曹等官吏早已恭候在衙前，不禁十分惊讶。

"诸位这么早都来了，莫非有要事相商？"陶渊明问。

"大人，"主簿上前禀报，"的确有一件要事，三天后，郡里有督邮下来巡视县务了。"

"督邮"是东晋时郡太守的佐吏，掌握督察属令，充当太守的耳目。官职不大，但能影响基层官员的升迁，所以跑到县里就是个炙手可热的人物。

陶渊明不以为然，吩咐道："诸位安排下，把文书、账册整理清楚，等候查看便是了。"

主簿忙说："以往督邮来时，都是县令亲自到驿站去迎接的，礼仪也有相当的规格，这些事也都要先做准备……"

没等主簿说完，陶渊明便脸色一沉，正言道："县令虽小，也是朝廷命官。他一个小小的督邮竟要县令亲自迎接，哪有这样的朝廷礼制呢？"

县尉上前低声说："督邮官小，但他在郡守身边，所以我们不能含糊啊。前任县令就是因为没有招待好他，就被他参了一本，差点丢了官，幸亏多方活动才保住了官位，可也被调离了这个地方。所以，请大人一定要三思而行！"

陶渊明沉思了一会儿，问道："那诸位说说，要怎样招待他才算不含糊？"

县尉说："每年督邮下来，总要带上十几架牛车，走完几个县后，这些车都要装满各县供奉的东西。"

"郡府的官吏都有朝廷的俸禄，为何还要各县孝敬他们？我这清水衙门，哪有什么东西可以装满他的车呢？"陶渊明很是反感。

"大人不必多虑，照旧向各乡各村分派就是了。三天内，在下一定可以将这些钱粮布帛征集上来。"户曹胸有成竹地说。

看着这些肥头大耳的官吏，陶渊明心里暗想："向乡里分摊孝敬郡府的钱粮布帛，最终收上来的还不是农民的血汗？这些征收的官吏哪个不想从中捞一把……"

县尉凑上来说："大人，眼下之计，就是让户曹去征集钱粮，兵曹在一边督护，以防刁民起事。下官立马去安排迎送督邮的事，大人只需三天后亲自出马款曲相迎就是了。"

陶渊明义愤填膺地说："我陶渊明享国家俸禄，为百姓效劳，从来忠心耿耿。如今都五十多岁了，岂能为五斗米（晋代县令的俸禄）向乡里小儿折腰！"

陶渊明已经打定了主意，当即将官服、印绶都挂到屋中的大梁上，随后携妻儿星夜兼程，赶回了柴桑老家。后来，这次回家的情景被他写成了一篇千古名篇《归去来兮辞》。此时的他已经54岁。

◎故事感悟

自青年入仕至解印隐居，陶渊明一共度过了13年的仕宦生活。这13年，也是他为实现"大济苍生"的理想抱负不断努力、不断尝试的13年。他的辞官归隐，是因为官场的腐败与黑暗，表明了他与上层统治阶级决裂、不与世俗同流合污的坚强决心。陶渊明"不为五斗米折腰"的高尚气节，永远值得我们尊敬。

◎史海撷英

陶渊明的咏怀诗

《杂诗》12首和《读山海经》13首是陶渊明咏怀诗的代表。

其中，《杂诗》12首主要表现了自己归隐后壮志难酬的政治苦闷，抒发了自己不与世俗同流合污的高洁人格，可见诗人内心无限深广的忧愤情绪。《读山海经》13首也是借吟咏《山海经》中的奇异事物表达自己同样的思想，像第十首即是借歌颂精卫、刑天的"猛志固常在"，从而抒发和表明了自己永不熄灭的济世抱负。

◎文苑拾萃

辛丑岁七月赴假还江陵夜行涂口

（魏晋）陶渊明

闲居三十载，遂与尘事冥。

诗书敦夙好，园林无世情。

如何舍此去，遥遥至西荆！

叩栧新秋月，临流别友生。

凉风起将夕，夜景湛虚明。

昭昭天宇阔，晶晶川上平。

怀役不遑寐，中宵尚孤征。

商歌非吾事，依依在耦耕。

投冠旋旧墟，不为好爵萦。

养真衡茅下，庶以善自名。

谢瞻立身

◎世界上没有便宜的事，谁想占便宜谁就会吃亏。——徐特立

谢瞻（383—421年），字宣远，一名檐。字通远，陈郡阳夏（今河南太康）人。生于官宦之家，谢朗之孙，谢重之子、谢晦兄。晋元兴元年，为安西将军桓伟参军。历楚台秘书郎、刘柳建威长史、武帝镇军参军、琅琊王大司马参军。转主簿、安城相、宋国中书、侍郎、相国从事中郎。入宋为豫章太守。

俗语说："愚者昧于成事，智者见于未萌。"意是说：愚者在事后仍暗昧不明，智者在事前却早已看出征兆。南朝宋谢瞻就是这样的一个智者，能够预知祸端。而其弟谢晦却是一个遇事则迷的愚者，终致杀身之祸。

谢瞻为晋末的名士。一次，谢瞻的哥哥谢晦从彭城（今徐州市）返都迎接家属，朝臣得知，纷纷前来拜访，一时门前车马成行，堂内宾客满座。此刻，恰逢谢瞻在家，见此大吃一惊。

待来客散后，谢瞻找到谢晦说："你名高位重，前来附势的人不少。我们家素有功成身退的传统，不想过于干涉时事，日常交往也不过亲朋好友。而你这样做岂是门户之福？"翌日，便派人买来竹竿，在院中扎起篱笆，将自己与谢晦的门庭分开，并对谢晦说："我实不愿见你如此！"

数日后，谢瞻返回彭城，前往拜见刘裕说："臣不是追求功名之人，父、祖辈官职也不过2000石。而弟谢晦，得大将军重用，位显势重，岂不知福过灾生，来期不远。还愿大将军将谢晦降职使用，以保谢氏家户。"刘裕听后，只是笑笑而已，并没理睬。谢瞻又多次向刘裕陈述己见，始终未准。

　　不久，刘裕称帝，因谢晦有佐命之功，更加得到重用。谢瞻见此，知无法阻拦，预感灾祸即将来临，心情异常烦闷，时日不长，便在郁闷中死去，年仅35岁。

　　果如谢瞻所料，武帝刘裕死后，谢晦因参与了徐羡之等废杀少帝之谋，被文帝所疑，于元嘉三年（426年）被捕伏诛。功高震主，权倾朝野，历来是为臣者所忌之事；淡泊功名，事成身退，为历来智者所行。文种、韩信被杀，范蠡、张良归隐，正说明了这一道理。

◎故事感悟

　　"福过灾生，其应无远，"是谢瞻为官立身的原则。他虽事刘裕，但不求高位，见弟谢晦权势渐盛，一劝谢晦，二谏刘裕，正是智者所为，但因谢晦不听，最终导致家破人亡！在人生的道路上就应有进有止，有取有舍。对理想、对个人修养、对个人品质完善的无尽追求，会使人生充实。但对功名利禄贪得无厌，就会使人福过灾生。

◎史海撷英

刘裕治国

　　刘裕在位时期，吸取了前朝豪强们挟主专横的教训，大力抑制豪强兼并，并为此采取了多项措施，巩固自己的帝位，充分显示了创业之君的治国才能。

　　在吏治方面，刘裕于永初二年（421年）三月规定："荆州府置将不得过2000人，吏不得过一万人；州置将不得过500人，吏不得过5000人。兵士不在此限。"（《宋书·武帝本纪》）

　　东晋末年，官制混乱，给老百姓带来了沉重的负担，因此刘裕登基后及时制定了这些制止措施。在法制上，刘裕也改革了晋以来苛刻的刑法，永初三年（422年）正月，下诏"刑罚无轻重，悉皆原降"（《宋书·武帝本纪》）。

　　此外，刘裕还非常关心老百姓的生活，多次下令减免百姓的税役。比如，在同年八月"蠲租布二年"(《宋书·武帝本纪》)。

在平定刘毅时,刘裕还下过减免税役的命令,就连那些原来由于战争问题被征发的奴隶也都全部释放了。

◎文苑拾萃

经张子房庙

（魏晋）谢瞻

王风哀以思,周道荡无章。

卜洛易隆替,兴乱罔不亡。

力政吞九鼎,苛慝暴三殇。

息肩缠民思,灵鉴集朱光。

伊人感代工,聿来扶兴王。

婉婉幕中画,辉辉天业昌。

鸿门销薄蚀,垓下陨欃枪。

爵仇建萧宰,定都护储皇。

肇允契幽叟,翻飞指帝乡。

惠心奋千祀,清埃播忦疆。

神武睦三正,裁成被八荒。

明两烛河阴,庆霄薄汾阳。

鎏旂历颓寝,饰像荐嘉尝。

圣心岂徒甄,惟德在无忘。

逝者如可作,揆子慕周行。

济济属车士,粲粲翰墨场。

瞽夫违盛观,竦踊企一方。

四达虽平直,蹇步愧无良。

飡和忘微远,延首咏太康。

王僧虔辞高官

◎忿怒二字，圣贤亦有之；特能少忍须臾，便不伤生。——曾国藩

> 王僧虔（426—485年），琅琊临沂（今山东临沂北）人。南朝齐书法家。王羲之四世族孙。才学高，以幽默机警著称，官至尚书令。著有《论书》《笔意赞》《书赋》等作品。其中，《笔意赞》中提出了"书之妙道，神彩为上"的理论。谥号为简穆。

王僧虔出身于官宦世家，南朝萧齐建立，任持节、都督湘州诸军事、征南将军、湘州刺史、侍中等职。

王僧虔经历南朝宋、齐两代，亲身经历了宋齐间的改朝换代，所以处事立身十分谨慎。王僧虔善于书法，齐高帝萧道成也爱好书法。齐高帝曾与当时的书法家王僧虔一起研习书法。

有一次，高帝突然问王僧虔说："你和我谁的字更好？"

这个问题比较难回答，说高帝的字比自己的好，是违心之言；说高帝的字不如自己，又会使高帝的面子搁不住，弄不好还会将君臣之间的关系弄得很糟糕。

王僧虔的回答很巧妙："我的字臣中最好，您的字君中最好。"

皇帝就那么几个，而臣子却不计其数，王僧虔的言外之意是很清楚的。

高帝领悟了其中的言外之意，哈哈一笑，也就作罢，不再提这事了。

萧道成死后，其子萧赜继位。萧赜继位后，即提王僧虔为侍中、左光禄大夫，开府仪同三司。当时，王僧虔的侄子王俭也在朝中任高官，王僧虔便

对王俭说："你在朝中官高任重，我如果再受任，则一门之内有二台司，实可畏惧。"便坚决推辞不受任。

萧赜无法，只得取消任命，改任王僧虔为侍中、特进、左光禄大夫。

有人对此很不理解，便问王僧虔为什么辞高官不做，王僧虔说："君子所担忧的是不能立德，而不担心不被宠爱。我现在衣食俱足，荣位已过，常为庸薄不能报国而惭愧，怎能再受高官，庸碌无为，被人耻笑呢？"

君子立身以德，小人立身以宠，古来就有无耻小人，献媚取宠，卖身求荣，因嫌纱帽小，致使枷锁扛。而王僧虔视无德为可忧，视尸位为可羞，视被人耻笑为可畏。这种立身原则，比那些立身以宠的小人高明得多。

◎故事感悟

王僧虔考虑到一家人不能同时在朝廷做高官，宁肯选择较低职务，这是极聪明的态度。这样一来，他获得不求高官的名声，又免去了许多造谣中伤。比较得失，应当说得远胜于失。求德不求官，律人先律己，这是在社会上立于不败之地的根本。

◎史海撷英

萧道成称帝

479年3月，萧道成独揽刘宋王朝大权，随后说服几个重臣，胁迫小皇帝进其为相国，又封为齐公，加九锡。随后他又立为齐王。

479年4月辛卯日，萧道成准备逼小皇帝顺帝刘准退位。这一天，他要顺帝到殿堂举行禅位仪式。顺帝担心自己被害，便躲到佛盖下面不肯出来。萧道成的部下王敬带兵抬着板舆进殿，四下搜寻才找到了他，把他抬到了殿堂之上。

后来，萧道成封顺帝刘准为汝阴王，让其迁居丹阳，并派重兵监管。5月己末日，监视刘准的兵士忽然听到门外马蹄声杂乱，以为发生了变乱，就一刀把刘准给杀了。

　　这个时候，司空兼太保的褚渊等人奉皇帝玺绶，率领百官来到萧道成的齐宫。而此时萧道成却假装推辞，不肯登上皇位。百官又再三恳请，并有人进符命，称：东汉历经196年禅让于魏，魏历经46年禅让于晋，晋历156年而禅让于南朝宋，宋自永初元年到昇明三年共60年。"六"便为元位。历代都是六终六受，这其实是天命。所以，他们请萧道成顺应天命称帝。

　　在群臣的一再恳请下，萧道成只好故作勉强地答应登上帝位了。

◎文苑拾萃

齐·王僧虔

（唐）孙元晏

　　位高名重不堪疑，恳让仪同帝亦知。

　　不学常流争进取，却忧门有二台司。

王秀之不贪财

◎身不修则德不立，德不立而能化成，于家者盖寡
矣，而况于天下乎？——武则天

王秀之（440—494年），字伯奋。琅玡临沂（今属山东省）人，出身官宦之家，左
光禄大夫王裕孙、金紫光禄大夫王瓒之之子。初为晋平太守，还除安成王骠骑谘议。
转中郎，又为高帝骠骑谘议。昇明末，转左军、豫章王嶷长史、寻阳太守，随府转镇
西长史、南郡太守，迁长沙王中军长史。武帝即位，为太子中庶子、吏部郎，出为义
兴太守，迁侍中祭酒，转都官尚书。进侍中，领射声校尉。出为辅国将军、随王镇西
长史、南郡内史。谥曰简子。

　　王秀之自幼就受家庭明哲保身的影响。他的祖父王裕，曾任南朝刘宋左
光禄大夫，仪同三司。父亲王瓒之，曾任金紫光禄大夫。

　　王裕为官时，徐羡之、傅亮是朝中权臣，王裕却不与他们来往。后来，
徐羡之、傅亮因权重被皇帝所杀，王裕没有受到牵连。王裕辞官后，隐居吴
兴，给其子王瓒之写信说："我希望你处于与人无争无竞之地。"王瓒之遵循父
训，虽然做到五兵尚书这样的官，却始终没有巴结一个朝中权贵。

　　父祖的影响，家庭的熏陶，也使王秀之养成一种不媚上、不贪财的品格。
南朝刘宋时，王秀之任著作佐郎、太子舍人。当时褚渊任吏部尚书，深受宋
明帝的信任，百官亦非常敬之。

　　每次朝会，公卿百僚及远国使节，莫不对之延首目送。褚渊见王秀之风
神秀逸，很喜欢他，想让他做自己的女婿。吏部尚书在当时专管官吏的考核、
奖惩、提拔，权力很大。做吏部尚书的女婿，正是一般人巴不得的事。

　　然而，王秀之却不肯为升迁而违背家训，没有答应。为此，他长期担任下级官吏。

　　后来，王秀之做了太子洗马，司徒左西属，桂阳王刘休范又征他司空从事中郎。

　　当时正值明帝刚死，刘休范自认为是宗亲长者，意欲居宰辅之任，但辅政大臣之位偏偏落入他人之手。刘休范心怀怨恨，便在自己的驻地招引勇士，缮修器械，广罗士人，准备起兵。

　　王秀之察觉到了刘休范的意图，他知道刘休范迟早要起兵造反，便推说自己有病，没有应召。

　　刘宋末年，王秀之任晋平太守。晋平为富庶之地，在此当官油水很大。可王秀之任期刚一年便对别人说："此地富饶，禄奉常足。我已经在此得到不少好处了，怎能久留此地以碍贤路？"便上表朝廷，请求别人代替自己，被人称为"恐富求归"的太守。

　　南朝萧齐时，王秀之任太子中庶子、吏部郎，又出为义兴太守，迁侍中祭酒，转都官尚书。他任尚书时，顶头上司是王俭，但他从不与王俭过分亲密。

　　王秀之的立身原则是不贪。他不贪官、不贪财，常说位至司徒左长史便可知足。古往今来，多少官场上的贪婪之辈在地位、财富面前利令智昏，落得身败名裂。王秀之明哲保身，所谓明哲，即明做人的哲理。

　　古人云："既能明晓善恶，且又是非辨知，以此明哲择安去危，而保全其身，不有祸败。"不贪则廉，廉则心清，心清则智明，智明则全身。看来，王秀之是深明此理的。

◎故事感悟

　　王秀之不贪官、不慕财，知足常乐，算是一个头脑清醒的人。正因为头脑清醒，在复杂的政治形势下，他可以作出正确的判断和选择。他的明哲保身，是建立在理性思维基础之上的，这当然不会被世俗理解。因此，只能是"恐富求归"了。

◎史海撷英

萧齐的灭亡

齐高帝萧道成（萧齐的开国皇帝）称帝后，汲取了前朝宋灭亡的教训，宽厚治国，提倡节俭，在位4年后去世。

在临死前，萧道成要求其子武帝即位后，继续执行他的治国方针，并告诫他不要手足相残。武帝遵照萧道成的遗嘱，继续治理国家，使南朝出现了一段比较繁荣稳定发展的阶段。

然而武帝死后，齐国的皇帝又重蹈了宋灭亡的覆辙，纷纷杀戮自己的兄亲、叔侄。至东昏侯时，因其疑心过重，朝内大臣几乎全部被处死，因而齐国的江山又被动摇了。

终于，永元三年（501年），雍州刺史萧衍起兵攻入建康，将明帝的后裔尽皆剿灭，从而结束了齐的统治。

萧衍于502年称帝，建立了梁朝。

◎文苑拾萃

卧疾叙意诗

（南北朝）王秀之

贞悔不少期，福极固难豫。

疾药虽一途，遂以千百虑。

景仄念徂龄，带缓每危曙。

循躬既已兹，况复岁将暮。

层冰日夜多，飞云密如雾。

归鸿互断绝，宿鸟莫能去。

辍我丘中琴，良由一嗟故。

隐沦迹有违，宰官功未树。

何用揽余情，恨恨此故路。

岂言劳者歌，且曰幽人赋。

修身为本的何远

◎生活是欺骗不了的，一个人要生活得光明磊落。——冯雪峰

何远（470—521年），字义方。东海郯县（今山东郯城西北）人。何远初仕于南朝齐，为江夏王国侍郎，后参与崔慧景与江夏王萧宝玄围攻宫城之事。事败后他逃亡在外，曾投降北魏。后由北魏返回，迎接梁萧衍的义军，为梁朝的建立立下功勋。他生活俭朴，对人从不低声下气，也不向长官送礼。在处理政务时，积极打击豪强富户，扶助贫弱百姓，受到当地百姓的爱戴。

南北朝时期，何远迁任武昌太守。他本来风流倜傥，喜好行侠仗义，这个时候才有所改变，努力履行自己的职责，杜绝交游，不受亲朋的丝毫馈赠。武昌百姓都饮用长江水，盛夏时节，何远嫌江水热，经常拿钱买百姓井里的凉水，要是人家不收钱，他也会将水还给人家。在别的事情上也基本是这样。

何远所用的车辆和所穿的服饰都特别简朴，所用器物也没有铜质或漆器的。当时，江南的水产品十分丰富，也很便宜，但何远每顿饭却只吃一点儿干鱼而已。

然而，何远的性情却刚正严厉，官吏及百姓常因小事受到鞭罚，因此有人控告他，他被征召到廷尉受审，被弹劾有数十条罪状。当时士大夫犯法后，都不接受测立等拷问，何远知道自己并未犯有赃罪，就接受测立，21天没有招供，但还是以私藏违禁甲仗罪被除名。

后来，何远再被起用为镇南将军、武康令，变得更加节操清廉，不贪淫欲，以身作则，颇受百姓称赞。

太守王彬巡察属县，各县都对王彬以盛宴款待。但到武康后，何远却只为王彬准备了干粮、饮水而已。分别时，何远送他到县境，还送上一斗酒、一只鹅作为临别赠礼。王彬对何远开玩笑说："你的礼物超过东晋时的陆纳，恐怕会被古人所讥笑吧！"

梁武帝听说了何远的才干后，擢升他为宣城太守。自县令升为靠近京都的大郡长官，是近代以来从未有过的事。宣城郡遭受过盗匪抢掠，何远全力治理，声名更加远闻。

一年以后，何远又迁任村功将军、始兴内史。当时，泉陵侯萧渊朗出任桂州刺史，一路上烧杀抢掠，无恶不作，但在进入始兴境内时，却不敢动当地的一草一木。

何远在任职期间，经常开辟街巷，修整墙屋，小到百姓住宅、交易市场，大到城墙堑壕、马厩仓库等，他都像经营自己的家业那样来修整治理。

何远本来应得的田秩俸钱，他一律不要，到年底时，就把这些俸禄送给最穷困的百姓，作为他们的税款。然而，当他听理诉讼时，也像一般人一样，不能以教化使百姓不闹是非。他性情果断，百姓不敢非议，只是心中畏惧而感到可惜。

何远品性耿直清高，不徇私情，杜绝请谒，也不拜访别人。给别人写信，无论贵贱，都使用同样的称谓。在与人交往时，他从不低声下气，所以多为俗士所忌恨。他的清廉公正，确实是举世无双。他先后出任数郡太守，但无论见到什么可让人产生贪欲的东西时，都始终保持着自己的廉洁之心。

何远的妻子儿女总是处于饥寒交迫之中，形同最贫穷的人。当何远离开东阳回到家中后，数年间都不谈荣辱，这更是让士大夫们的深感赞赏。他轻财好义，周济别人的窘急，而且说话从无虚妄，不能说不是他的天性使然。他经常对别人开玩笑说："你能抓到我一句假话，我就给你一匹缣作为酬谢。"大家都想抓到他一句假话，但最终都失败了。

后来，何远再次被起用，担任征西将军谘议参军，中抚将军司马。去世后，梁武帝给予他优厚的赠官及赏赐。

◎故事感悟

何远耿介无私，与贵贱书疏，抗礼如一。其所会遇，未尝以颜色下人，以此多为俗士所恶。在当时混乱、腐朽的社会风气之中仍能出淤泥而不染，这种清廉和自守的作风值得提倡。

◎文苑拾萃

爱莲说

（宋）周敦颐

水陆草木之花，可爱者甚蕃。晋陶渊明独爱菊。自李唐来，世人盛爱牡丹。予独爱莲之出淤泥而不染，濯清涟而不妖，中通外直，不蔓不枝，香远益清，亭亭净植，可远观而不可亵玩焉。

予谓菊，花之隐逸者也；牡丹，花之富贵者也；莲，花之君子者也。噫！菊之爱，陶后鲜有闻；莲之爱，同予者何人；牡丹之爱，宜乎众矣。

罗隐笑傲诸侯

◎天下作伪是最苦恼的事情，老老实实是最愉快的事情。——《韬奋文集》

> 罗隐（833—909年），唐代文学家。字昭谏，馀杭（今浙江余杭）人，一作新登（今浙江桐庐）人。本名横。20岁应进士举，十次不中，遂改名罗隐。自号江东生。

唐代末年，天下大乱，政治黑暗，许多有才能的文士仕进无路，只能漂泊四方，沉沦下僚。罗隐便是其中之一。

罗隐本来名叫横，因相貌丑陋，一连参加了十次进士考试都没能考取，于是改名为隐。罗隐诗歌文章都写得很好，但恃才傲物，谐语讥讽，往往得罪权贵。

韦贻范是唐末宰相。一次，罗隐乘船在河中与韦贻范的官船相遇，驾船兵卒喝令让道避易。罗隐毫不在乎，反倒讥讽说："什么了不得的朝官，摆什么威风！我用脚趾夹笔，也胜过他们一群！"韦贻范闻此，又羞惭又嫉恨。罗隐难以中举自然是在意料之中了。

罗隐见天下扰攘，仕进无门，便下决心罢举东归，到节度使幕府中谋职。他先后到湖南、淮南、润州等镇，都因与主帅龃龉不合而离去。

后来，罗隐到了河北，谒见邺王罗绍威。入境之前，罗隐先寄信给邺王，攀叙家世。谁想按行辈排下来，罗绍威倒成了他的子侄辈。

罗隐竟直言不讳，幕府将吏见信后都怒不可遏，说："罗隐一介布衣，竟然敢以子侄来对待大王，简直太无礼了！"

罗绍威历来重视文士，见信并没发怒，反倒劝慰幕吏说："罗隐名震天下，王公大人往往被他鄙视轻慢。现在他肯屈尊前来，我能做他的侄子，应是一件荣耀的事。"于是安排了隆重的仪仗，亲自去郊外迎接，执礼十分恭敬。

罗隐也欣然接受，毫不谦让。等罗隐离开时，罗绍威给他赠钱百万，并写信给钱镠推荐，仍以季父称罗隐。

罗隐四处漂泊，皆无所成，便打算回到故乡吴越。钱镠当时据有两浙，颇能接纳人才。罗隐来到杭州，担心钱镠不肯收容，先献诗文行卷。他特意把自己所写的《夏口》一诗标在卷首，诗中写道："一个祢衡容不得，思量黄祖漫英雄。"

钱镠见到诗后大笑起来，也写信给他，说："仲宣远把娄荆州，都缘乱世；夫子辟为鲁司寇，只为故乡。"

罗隐说："这是不可离去啊！"

钱镠因而对罗隐殊加礼遇。钱镠起初被唐朝廷授镇海军节度使时，命令沈崧起草谢表。表中盛称浙西的繁华富庶，草毕后请罗隐过目。

罗隐说："现在浙西兵火之余，经济困难，朝廷执政者正在极力让各藩镇贡献财物，这封表一入奏，执政者岂不是正好提出要求吗？"

他请求重新起草，其大概说："天寒而麋鹿常游，日暮而牛羊不下。"

朝廷见表后，说："这一定是罗隐所写的。"等到昭宗易名为晔，罗隐替钱镠起草贺表，中云："左则虞舜之全文，右则姬昌之半字。"措辞尤为得体，京师称为第一。

朱全忠篡唐建立后梁，想用虚爵来笼络强藩，封钱镠为吴越王，并且召罗隐任谏议大夫。罗隐不仅不去，还请求举兵讨伐后梁，说："大王是唐朝的臣子，按理说应当挥戈北向，讨伐篡逆。即使不能成功，还可以退保杭、越，自为东帝，为什么要侍奉盗贼，留下千古骂名呢？"

钱镠起初认为罗隐在唐朝坎壈不遇而有怨望之心，等听他这样一说，虽然没有采纳他的意见，可心中却称赞他能明大义。

罗隐深受钱镠的重视，一直做到谏议大夫、给事中、发远使，赐金紫。钱镠给他很高待遇，当时西湖还每天供给他几斤鲜鱼，号为"使宅鱼"。

一次，钱缪召罗隐在《稀溪垂钓图》上题诗，罗隐借诗寓意，诗中写道："吕望当年庶庙谟，直钩钓国更何如？若教生在西湖上，也是须供使宅鱼。"于是立刻便免去了供鱼的劳役，百姓称许。

◎故事感悟

大凡有选择能力的人，都不愿为行将灭亡者殉葬。只有旧事物的附属物，才会和旧事物的僵尸一起进入坟墓。

罗隐有才，他看到了唐代末年政治黑暗的现实，对行将灭亡的唐朝表示了极大的轻蔑，把自己的聪明运用于对有生命力的政权的选择上。所以，生于乱世，却未倒运。在新与旧、生与死的关头，罗隐的选择，是不是明智的呢？

◎史海撷英

酸死了

从前有个财主，得了一个孙子还不满足，想再要几个，以图"儿孙满堂"。因此在为孙子办"对岁酒"时，财主就想讨罗隐讲一句"孙多"的应验话，所以就三邀四请地请罗隐前来赴宴。

这一天，财主家中宾客盈门，财主特地叫厨师给罗隐办了一席，做了满桌子的"酸菜"。财主还亲自陪罗隐入席。等菜都上齐后，财主说："小孙周岁，承蒙各位光临，特备水酒一杯，不成敬意。请！"

众宾客都举杯动筷，老财主更是频频劝酒，满面春风。可是，罗隐却坐在桌前，滴酒不沾。财主见状，就问："罗相公，这几道菜难道不合您的口味吗？"

罗隐笑而不答。财主又夹了一块甜酸鲤鱼送到罗隐面前，罗隐不便推辞，只好夹起来就咬了一口，然后皱眉喷鼻，嘴巴咂得啧啧响。

财主忙问："这味道是不是酸（孙）多？"

众宾客还不等罗隐回答，都七嘴八舌地就答道："酸（孙）多！酸多啊！"

财主听到这些阿谀奉承的吉利话，简直是眉开眼笑，随后又夹了一块卤酸扣肉送到罗隐面前，满以为他吃了也说句"酸（孙）多"。

谁知道罗隐一咬到那块卤酸扣肉，马上就大声叫道："哎哟！酸（孙）死了！"

气得老财主是干瞪眼！

◎文苑拾萃

曲江春感

（唐）罗隐

江头日暖花又开，江东行客心悠哉。

高阳酒徒半凋落，终南山色空崔嵬。

圣代也知无弃物，侯门未必用非才。

一船明月一竿竹，家住五湖归去来。

林则徐出淤泥而不染

◎勿视恶小，洁身自好。——格言

> 林则徐（1785—1850年），福建省侯官（今福州市区）人。字元抚，又字少穆、石麟，晚号俟村老人、俟村退叟、七十二峰退叟、瓶泉居士、栎社散人等。是清朝后期著名的政治家、思想家和诗人。官至一品，曾任湖广总督、陕甘总督和云贵总督，两次受命为钦差大臣；因其主张严禁鸦片、抵抗西方列强的侵略，被中国人视为民族英雄。

林则徐出身于贫寒的教师家庭，父母都是品德高尚之人。幼年时期，其父林宾日就教导他"不妄与一事，不妄取一钱"。

26岁时，林则徐中了进士，入翰林院里担任文官。36岁时，他离京出任杭州、嘉兴、湖州的"道员"，即这三地的行政长官。

杭州地区风景如画，美女如云。假如是个庸人，在这人间天堂里做官，简直是优哉游哉！可是林则徐却极其反感官场的种种陋习。他写信对朋友说："省垣孔道，冠盖如云，自辰迄酉，无非对客，事上接下而外，即为送往迎来，一切公牍管札，转待灯下理之，而精力固已惫矣。"

所以，林则徐仅在此待了一年，便以父亲生病为由辞官而去。回到杭州后，父亲已经病愈，但他对仕途却十分冷漠，迟迟不向朝廷报到。

林则徐在给友人的一首答诗中写道："呜呼利禄徒，字珉何少恩……有欲刚则无，此际伏病根。"他认为官场的病根是人的私欲。因此，他在自己官府公堂上挂起了一副自写的楹联："海纳百川有容乃大，辟立千仞无欲则刚。"

这副对联哲理深刻，发人深省，直到今天仍有鲜明的价值。

林则徐为官多年，担任过盐运使、按察使、布政使，48岁任江苏巡抚（省长），53岁升任湖广总督，55岁任钦差大臣虎门销烟。蒙冤被流放新疆3年后又任陕西巡抚、云贵总督。但无论在什么地方当什么官，林则徐都不仅个人清正廉洁，而且对他人的种种腐败行为也从不容忍，这种事例不胜枚举。

1830年8月，林则徐出任省级大员湖北布政使，掌管全省人事财政大权。林则徐有个习惯，每就新职，在赴任前都发出"传牌"，也就是事先向沿途各地发出一些必须执行的命令。林则徐自北京到武昌，从水路进入湖北省后立即发出《由襄阳赴省传牌》，全文不到200字，主要说明的是：

第一，我林则徐已乘船到达湖北境内。从襄阳到武昌这段路自雇船只，自付船费，不需要沿途各地交付一分钱，也不准派人添篙帮牵，溜须拍马。我和随行人员的一日三餐均自行实备，不接受任何酒食。

第二，我路过各地时，只在码头上接见一下当地官员，不准远迎，不准送行，任何人不准打着我的旗号捞好处。只要发现行为不轨者，立即严肃查处，"不得稍有徇纵，切切"。

这就是林则徐，每任新职，人还未到正气先行。这种"传牌"不仅是独善其身的宣示，也是对同僚和下属的告诫。对于官场的种种陋习和腐败，我林则徐绝不同流合污，你们也当洁身自爱，否则严惩不贷。

武汉三镇位于长江中游，水陆通衢，商民云集，贸易发达，但也藏污纳垢，官商勾结，是腐败滋生的温床。对此，林则徐洞若观火，早有思想准备，所以他一到武昌，就立即发出"防伪诈"的"关防告示"。告示中首先说自己要做到"随事亲裁，无一端之假手，奉公洁己，恒午夜以扪心"。然后发出了一系列的政令，均与反腐倡廉直接相关。主要内容有：

第一，官员的"升调、署补、差委……断不听昏夜之营求"，"无论事体大小，犯必立惩"。

第二，"倘有狡狯银匠，串通奸胥舞弊，无难察觉惩办，切勿以身试法"。

第三，我官府中的食用"一切俱照时价发实，不使丝毫短欠。如有影射扰累者，许该铺户指名禀究"。

由此，林则徐在湖北政声甚隆，善者歌其德，恶者畏其威，这为他后来任湖广总督时大规模、成功地禁烟运动创造了条件。同时，他在湖北取得的禁烟成效，也推动了道光帝在全国禁烟的决心。

1838年的最后一天，林则徐在北京受命钦差大臣，任务是到广州收缴大量鸦片，同时堵塞鸦片走私进口的源头。在外有强敌、内有奸佞的背景下，林则徐深知此行如赴汤蹈火，以致他与座师沈鼎甫告别时，师生"相顾涕下"。

1839年1月8日，林则徐从北京动身。他的日记显示，当天"至长新店，已上灯矣。又行30里至良乡"。

从良乡开始，林则徐便发出传牌。身为钦差大臣，他指令沿途各地"只用家常饭菜，不必备办整桌酒席，尤不得用燕窝烧烤，以节糜费。此非客气，切勿故违"。

林则徐日夜兼程，风尘仆仆，途中向广东发出监控汉奸的密令，于3月10日到达广州，当天近年夜时分住进了越华书院。此时，广州的官民和洋人无不关注钦差大臣到任后的第一行动。第二天，林则徐在辕门发布"关防示稿"，全文如下：

照得本部堂奉命来粤查办海口事件，现驻扎省垣，不日出巡各口，均应慎密关防。所有随从人员，不许善离左右。其派在行辕之书吏，即于公馆内给予伙食，不准籍端出入。凡文武官员因公禀调者，无不立时接见。若游人术士，素无瓜葛，该巡捕官及号房，不得妄行传禀，以肃关防。倘有混称打点关说在外招摇者，所在地方官立即严拿，彻究重办。

至公馆，一切伙食均系自行买备，不收地方任何供应。所买物件，概照民间时价发给现钱，不准丝毫抑勒赊欠。公馆前后，不准设立差房。偶遣家人出门，乘坐小轿，亦系随时雇用，不必预派伺候。如有借为影射扰累者，许被扰之人控告，即予严办。各宜懔遵勿违。特示。

林则徐到达广州以后，首先便拿"十三行"中的头目伍绍荣（又名伍浩官）问罪。这个人因为与英商勾结，走私鸦片，大发横财，如今已经成了巨富。林则徐在审讯这个人时，他还以为有钱便无所不能，因此对林则徐说："愿以家私报效。"也就是想向林则徐行贿。

林则徐怒斥道："本大臣不要钱，而是要你的脑袋！"

结果吓得伍绍荣魂不附体，片刻不敢怠慢地向英商传达了这位钦差大人限期缴烟和"具结"的命令。

林则徐抵达广州后，在十分复杂的环境下，仅用了18天就迫使英商的政治代表义律同意缴出全部鸦片。这无疑与林则徐的智慧、气魄和邓廷桢等人的配合直接相关，但更为重要的是，林则徐官风官德清正廉洁。也正是这种道德基础，使得林则徐最终赢得了这场伟大胜利。

林则徐最后担任的官职是云贵总督。当时，他的夫人已经病故了，儿子住在北京，已经年迈多病的林则徐打算辞官后到北京去，与儿子生活在一起。可是这位堂堂封疆大吏却拿不出足够的银两在北京购置一处房产，无奈只得回家乡福州的旧居养老，实在令人心酸。

◎故事感悟

林则徐是我国的民族英雄，他能够在昏暗的官场"独善其身"，实属难能可贵。他嫉恶如仇、从善如流、清正廉洁、浩然正气，永远是我们效仿的榜样！

◎史海撷英

林则徐戍边

道光二十一年（1841年）十一月初九，林则徐被贬黜新疆。

到达新疆后，林则徐不顾自己年高体衰，从伊犁到新疆各地"西域遍行三万里"，实地勘察了南疆的八个城，对我国西北边防的重要性加深了认识。

林则徐在其所译的资料中，发现了许多沙俄对中国威胁的记录，这也促成了他抗英防俄的国防思想，从而成为近代"防塞论"的先驱。

于是，林则徐明确向伊犁将军布彦泰提出"屯田耕战"，有备无患。此外，他还领导群众兴修水利，推广坎儿井和纺车，他因此也被人们称为"林公井"、"林公车"，以纪念他的丰功伟绩。

◎文苑拾萃

赴戍登程，口占示家人

（清）林则徐

力微任重久神疲，再竭衰庸定不支。

苟利国家生死以，岂因祸福避趋之。

谪居正是君恩厚，养拙刚于戍卒宜。

戏与山妻谈故事，试吟断送老头皮。